山东省软科学青年项目"水资源刚性约束驱动山东沿黄地区农业现代化发展的机制与对策研究"（项目编号：2024RKY0601）

杨广勇 著

财政涉农资金整合效应评价及其优化

中国社会科学出版社

图书在版编目（CIP）数据

财政涉农资金整合效应评价及其优化 / 杨广勇著.

北京：中国社会科学出版社，2024. 11. -- ISBN 978-7-
5227-4441-4

Ⅰ. F323.9

中国国家版本馆 CIP 数据核字第 2024L150C6 号

出 版 人	赵剑英	
责任编辑	刘晓红	
责任校对	阎红蕾	
责任印制	戴　宽	

出　　版	中国社会科学出版社	
社　　址	北京鼓楼西大街甲 158 号	
邮　　编	100720	
网　　址	http://www.csspw.cn	
发 行 部	010-84083685	
门 市 部	010-84029450	
经　　销	新华书店及其他书店	

印刷装订	北京君升印刷有限公司
版　　次	2024 年 11 月第 1 版
印　　次	2024 年 11 月第 1 次印刷

开　　本	710×1000　1/16
印　　张	12
字　　数	182 千字
定　　价	66.00 元

摘　要

农业、农村和农民问题是关系国计民生的根本性问题。2004 年以来，中央一号文件持续聚焦"三农"领域，相继作出了推进农村税费改革、新农村建设、农业供给侧结构性改革等一系列重大决策部署，随着财政支农政策力度的不断加大，有效地保障了中国粮食安全，促进了农业农村发展。然而，地方政府自有财力供给不足和大量财政资金沉淀并存的矛盾仍相当普遍，财政资金配置低效问题在涉农领域表现得尤为突出。

为优化财政涉农资金配置，集中有限资源完成脱贫攻坚任务，中央政府于 2016 年启动支持贫困县开展统筹整合使用财政涉农资金试点（以下简称"财政涉农资金整合"）①，将纳入统筹整合范围的中央财政涉农资金按照原渠道下达，而资金项目审批权限完全下放到贫困县，由其按照权责匹配原则自主实施。财政涉农资金整合，是在现有财政体制框架下政府间财政关系调整和地方预算管理制度改革的一次重大创新，是涉农领域"放管服"改革的一项重大举措。鉴于此，

---

① 国务院办公厅于 2016 年 4 月 12 日正式印发《关于支持贫困县开展统筹整合使用财政涉农资金试点的意见》（国办发〔2016〕22 号）。需要说明的是，将该政策简称为"财政涉农资金整合"而非"贫困县财政涉农资金整合"有两点原因：一是贫困县实行退出政策，在贫困县退出后，一般称其为脱贫县。2016 年，中国正式建立贫困县退出机制，2016—2020 年贫困县每年退出的数量分别为 28 个、125 个、283 个、344 个、52 个，至 2020 年 11 月 23 日，全国 832 个贫困县全部退出。二是贫困县退出后实行"摘帽不摘政策"的正向激励政策，国办发〔2016〕22 号文并不受贫困县退出政策影响，在贫困县全部退出后，仍然设立了过渡期（2021—2025 年），确保帮扶政策连续性。如 2021 年 4 月 2 日，财政部等 11 部委联合印发《关于继续支持脱贫县统筹整合使用财政涉农资金工作的通知》（财农〔2021〕22 号），明确支持脱贫县（指原 832 个连片特困地区县和国家扶贫开发工作重点县）延续执行国办发〔2016〕22 号文件规定。因此，如无特别说明，本书中"财政涉农资金整合"一般特指国办发〔2016〕22 号文件确定的试点政策。

1

本书尝试从财政分权视角构建财政涉农资金整合效应的传导机制，客观评价财政涉农资金整合效应，提出进一步统筹整合财政涉农资金的政策建议，以期为中国谋划新一轮财税体制改革、实现巩固拓展脱贫攻坚成果同乡村振兴有效衔接、促进城乡共同富裕提供决策参考。

理论上，财政涉农资金的整合渠道主要包含中央和地方各级政府之间的纵向整合和各级政府部门之间的横向整合，这是由预算管理体制特别是财政分权特征决定的。财政涉农资金的整合涉及决策主体、审批主体、实施主体、监督评价主体。根据公共产品理论、财政分权理论和公共预算理论，财政涉农资金的整合能够深化预算管理体制改革，推动现代财政制度的建立，而且可以促进农业供给侧结构性改革，提高农业供给质量和增加农民收入。聚焦农业产出和农民收入，财政涉农资金的整合可以通过政府间权责的合理划分和财力的协调适应、部门间职责的分工配合和预算管理职权的统筹整合产生增产效应，通过购买性支出间接渠道、转移性支出直接渠道产生增收效应。

从政策变迁看，财政涉农资金的整合自 2013 年开始逐步由地方自主探索转变为区域整体推进。通过对全国整体情况进行分析发现：财政涉农资金总体规模庞大且保持增长态势，但其高速增长难以持续；地方政府在涉农领域对中央转移支付的依赖程度相对更高、财政分权程度相对更低。通过进一步对湖南省和安徽省的两个不同类型贫困县的典型案例进行分析发现：在整合资金的使用方向和项目配置方面，二者均以基础设施建设、农业生产和产业发展为主，其中基础设施建设项目资金在 2019 年均提升了 60% 以上；而农业生产和产业发展资金配置相对不足，其中湖南省洞口县产业发展项目资金甚至出现 36.65% 的降幅。在整合资金的项目选择依据和绩效考评方面，二者均建立了脱贫攻坚项目库管理制度，且编制了绩效目标，但都存在项目库资金缺口过大、绩效管理链条不全等问题。

为实证分析财政涉农资金整合对农业产出和农民收入的影响，基于 2013—2018 年中部四省 229 个县域面板数据，构建了双重差分模型。研究发现：财政涉农资金整合能够显著提高农业产出水平，即产生增产效应，贫困县的人均农业总产值增长率较非贫困县可提高 1.47

个百分点；不同类别的贫困县产生的增产效应均是显著的，但存在明显差异，国家扶贫重点县最高，增产效应高达 2.55 个百分点，连片特困地区县次之，达到 1.22 个百分点，省级扶贫重点县最低，但仍达到 1.04 个百分点；财政涉农资金整合未能直接促进农民收入的增长，即直接的增收效应并不显著。

进一步引入中介效应模型检验财政涉农资金整合效应的传导机制，研究发现：财政涉农资金整合未能通过提高农业产出水平促进农民收入的增长，农民增收的产业基础仍不牢固；政府间转移支付和地方财政涉农支出的增长表现为遮掩效应而非中介效应，增产效应被政府间转移支付的增长遮掩了 5.5%，增收效应被地方财政涉农支出相对规模的增长遮掩了 71.18%，适度规模下的转移支付结构优化和涉农投入绩效提升变得更为可取。

在此基础上，提出促进财政涉农资金有效整合的政策建议，具体包括：中央政府层面，加快涉农领域财政事权和支出责任的合理划分，深化中央对地方转移支付制度改革，推进财政涉农资金实质整合；地方政府层面，推动地方涉农部门职责的分工协调，深化地方各级政府预算管理制度改革，支持农村第一、第二、第三产业高质量融合发展；配套政策层面，通过加快财政转移支付、预算绩效管理等立法进程，提升财政治理法治化水平。

本书的创新点主要体现在：

第一，尝试从财政分权视角构建财政涉农资金整合效应的传导机制，并引入中介效应模型进行实证检验。一是从预算管理体制特别是财政分权特征出发，尝试构建财政涉农资金整合效应的双向传导机制，即中央和地方各级政府之间的纵向传导机制、各级政府部门之间的横向传导机制，其可通过政府间权责的合理划分和财力的协调适应、部门间职责的分工配合和预算管理职权的统筹整合产生增产效应，通过购买性支出间接渠道、转移性支出直接渠道产生增收效应。二是引入中介效应模型，分别从政府间转移支付和地方财政涉农支出验证财政涉农资金整合效应的传导机制。研究发现，政府间转移支付和地方财政涉农支出的增长表现为遮掩效应而非中介效应。

第二，运用双重差分准自然实验方法客观评价财政涉农资金整合效应。财政涉农资金整合是中国首次由中央政府直接推动的涉农资金重大改革试点，对于加快财税体制改革和推进农业供给侧结构性改革具有重要意义，但相关的实证研究尤其是因果推断研究在现有文献中是鲜有涉及的。本书在梳理中国扶贫政策和财政涉农资金整合政策的基础上，从粮食主产区中部四省选择了 129 个贫困县和 100 个非贫困县共 229 个县 1374 个观测样本，通过运用双重差分准自然实验方法发现，财政涉农资金整合具有显著的增产效应，但增收效应并不显著。

第三，发现连片特困地区县财政涉农资金整合增产效应的异质性。按照处理组样本贫困县类别进行分类检验，发现不同类别的贫困县在财政涉农资金整合中产生的增产效应存在显著差异，连片特困地区县的增产效应低于国家扶贫重点县，但明显高于省级扶贫重点县。考虑到连片特困地区县农业生产成本等因素，这一结论更具有积极意义，尤其是对于未来推进欠发达地区发展乡村产业，改善相对贫困状况，具有较强的政策含义。

关键词：财政涉农资金整合；增产效应；增收效应；双重差分

Abstract

The issue of agriculture, countryside and farmers is a fundamental issue related to the national economy and the people's livelihood. Since 2004, the "No. 1 of Central Document" has continued to focus on the issue of agriculture, the countryside and farmers, which has been made to promote Rural Tax – for – Fee Reform, New Rural Construction, Agricultural Supply – Side Structural Reform, therefore the fiscal support for agriculture has been continuously increased, which has protected our country's food security, and promoted the development of agriculture and countryside. However, the contradiction between the insufficient supply of local government's own fiscal resources and the precipitation of a large amount of financial funds is quite common, the problem of inefficient allocation of fiscal funds is particularly prominent in the agricultural field.

In order to optimize the allocation of financial agriculture–related funds and concentrate limited resources to complete various tasks for poverty alleviation, the central government launched to support poor counties to carry out pilot projects for the coordinated and integrated use of fiscal funds related to agriculture in 2016 (hereinafter referred to as "the Integration of Fiscal Funds Related to Agriculture"), and decentralized the approval authority for central fiscal agricultural funds projects that were included in the overall integration. It was issued through the original channel, but the approval authority for fund projects was completely delegated to the poor counties, and they were autonomously implemented in accordance with the principle of matching power and responsibility. The integration of fiscal funds related to agriculture is a major innovation in the adjustment of intergovernmental fiscal relations and the reform of local budget management systems under the framework of the existing fiscal system, and it is also a major measure of the reform to streamline administration and delegate power in the agricultural sector. In view of this, the paper tries to construct a transmission mechanism for the effect of the integration of fiscal funds related to agriculture from the perspective of fiscal decentralization, objectively evaluates the effect of the integration of fiscal funds related to agriculture, and proposes policy recommendations for further coordinating and integrating fiscal funds related to agriculture in order to provide a basis for decision-making to make plans for new reforms for the fiscal and taxation systems, achieve effective connection between consolidation and expansion of poverty alleviation results and rural revitalization, and promote common prosperity between urban and rural areas.

Theoretically, the channels for the integration of fiscal funds related to agriculture mainly include the vertical integration between the central and local governments at all levels and the horizontal integration between all levels of government departments. This is determined by the budget management system, especially the characteristics of fiscal decentralization. The integration of fiscal funds related to agriculture involves organization of the decision-making, the examining and approving, the implementation, and the supervision and evaluation. According to the theory of public products, fiscal decentralization, and public budgets, the integration of fiscal funds related to agriculture can deepen the reform of the budget management system, promote the establishment of a modern fiscal system, and promote the structural reform of the agricultural supply-side, improve the quality of agricultural supply and increasing farmers' income. Focusing on agricultural output and farmers' income, the integration of fiscal funds related to agriculture can produce effects of increasing agricultural output through the rational division of powers and responsibilities between governments, the coordination and adaptation of fiscal resources, the division of responsibilities between departments, and the overall integration of budget management powers to increase production, and can produce effects of increasing farmers' income through indirect channels of purchasing expenditures and direct channels of transferable expenditures.

From the perspective of policy changes, the integration of fiscal funds related to agriculture has gradually shifted from local independent exploration to regional advancement since 2013. The analysis of the overall situation of the integration of fiscal funds related to agriculture found that: the overall scale of fiscal funds related to agriculture is large and maintains growth, but its rapid growth is difficult to sustain; the local government's dependence on central transfer payments in the agricultural field is relatively higher, which also means that the degree of fiscal decentralization is relatively low. Further through the case analysis of two different types of poor counties in Hunan Province and Anhui Province, it was found that the projects of the integration of fiscal funds related to agriculture are mainly focused on infrastructure construction, agricultural production or industrial development, and the scale of infrastructure construction projects greatly improved by more than 60% in 2019, and the scale of agricultural production and industrial development projects is relatively insufficient. The funds for rural industrial development projects in Dongkou County in Hunan Province even declined by 36. 65% in 2019. In terms of project selection basis and performance evaluation of integrated funds, the management system of poverty alleviation project library has been established, and performance goals have been compiled, but there are problems such as excessive funding gap of project library and incomplete performance management chain.

In order to empirically analyze the impact of the integration of fiscal funds related to agriculture on agricultural output and farmers' income, the DID model was constructed based on the panel data of 229 counties in four provinces in Central China from 2013 to 2018. The study found that: the integration of fiscal funds related to agriculture can significantly increase the level of agricultural output, that was an "increasing production effect", the growth rate of per capita agricultural output value in the poor counties can be increased by 1.47 percentage points compared with the non-poor counties. There are obvious and significant differences of the "increasing production effect" in different categories of poor counties, which is that national-key poverty alleviation counties is the highest, up to 2.55 percentage points, followed by counties in particularly poor areas, reaching 1.22 percentage points, and the provincial-key poverty alleviation counties are the lowest, but the "increasing production effect" of the provincial key poverty alleviation counties still reached 1.04 percentage points; the integration of fiscal funds related to agriculture failed to directly promote the growth of farmers' income, that meant the direct "increasing income effect" is not significant.

Further introducing an intermediary effect model to test the transmission mechanism of the allocation effect of fiscal funds related to agriculture the study found that: the integration of fiscal funds related to agriculture failed to significantly promote the growth of farmers' income through agricultural development, and the industrial basis for increasing farmers' income is still not strong; the growth of intergovernmental transfer payment and the fiscal expenditure to agriculture are manifested as a masking effect rather than a mediating effect. The "increasing production effect" is masked 5.5% by the growth of intergovernmental transfer payments, and the "increasing income effect" was masked 71.18% by the growth of fiscal expenditure to agriculture. Therefore, it is more desirable to optimize the transfer payment structure and improve the performance of agricultural investment under a moderate scale.

On this basis, it puts forward policy suggestions to promote the effective integration of fiscal funds related to agriculture, including: at the level of the central government, it is necessary to speed up the rational division of fiscal authority and expenditure responsibilities in agricultural−related fields, deepen the reform of the central transfer payment system by the central government, and promote the substantial integration of fiscal funds related to agriculture; at the local government level, it is necessary to promote the division of labor and coordination of local agricultural departments, deepen the reform of the budget management system of local governments at all levels, and support the high−quality and integrated development of rural primary, secondary, and tertiary industries; at the level of supporting policies, it is necessary to improve the level of legalization of fiscal governance by accelerating the legislative process of fiscal transfer payments and budget performance management.

The innovations of the book are mainly reflected in:

Firstly, try to construct a transmission mechanism for the effect of the integration of fiscal funds related to agriculture from the perspective of fiscal decentralization, and empirically test through an intermediary effect model. Firstly, starting from the budget management system, especially the characteristics of fiscal decentralization, try to construct a two−way transmission mechanism for the effect of the integration of fiscal funds related to agriculture, that is, the vertical transmission mechanism between the central and local governments at all levels, and the horizontal transmission between all levels of government departments. The two−way transmission mechanism can produce "increasing production effect" through the rational division of powers and responsibilities between governments and the coordination and adaptation of fiscal resources, the division of responsibilities between departments and the overall planning and integration of budget management powers, and produce "increasing income effect" through indirect channels of purchase expenditure and direct channels of transfer expenditure. Secondly, the intermediary effect model is introduced to verify the transmission mechanism of the effect of the integration of fiscal funds related to agriculture from intergovernmental transfer payments and local fiscal expenditures on agriculture. The study found that the growth of intergovernmental transfer payments and local fiscal expenditures on agriculture is a masking effect rather than a mediating effect.

Secondly, use the DID quasi-natural experiment method to objectively evaluate the effect of the integration of fiscal funds related to agriculture. The integration of fiscal funds related to agriculture is the first major reform of funds related to agriculture directly promoted by the central government in our country. It is of great significance for accelerating the reform of the fiscal and taxation system and promoting the structural reform of the agricultural supply-side. However, empirical research, especially causal inference research, is rarely involved in the existing literature. Based on the review of the policies of poor counties and the integration of fiscal funds related to agriculture, the book selected 1374 observation samples in 229 counties, including 129 poor counties and 100 non-poor counties, from the four central provinces of the main grain producing areas, through the DID quasi-natural experiment method, it is found that the integration of fiscal funds related to agriculture has a significant effect of increasing production, but the effect of increasing income is not significant.

Thirdly, it is found that the heterogeneity of the "increasing production effect" of the integration of fiscal funds related to agriculture in particularly poor counties. According to the classification test of the sample poor counties of the treatment group, it is found that the "increasing production effect" of different types of poor counties in the integration of fiscal funds related to agriculture are significantly different. The "increasing production effect" in particularly poor counties are lower than the national-key poor counties, but is significantly higher in provincial-key poor counties. Taking into account factors such as agricultural production costs in particularly poor counties, the conclusion is more positive and it has strong policies meaning especially for promoting the development of rural industries in less developed areas in the future and improving relative poverty.

Keywords: Integration of fiscal funds related to agriculture; Poverty alleviation counties; Effects of increasing agricultural output; Effects of increasing farmers' income; Difference-in-Difference (DID)

目　　录

第一章

绪　论

第一节　研究背景与研究意义

一　研究背景

农业、农村和农民问题是关系国计民生的根本性问题。2004 年以来，中央一号文件持续聚焦"三农"领域，相继作出了推进农村税费改革、新农村建设、农业供给侧结构性改革等一系列重大决策部署，财政支农政策力度不断加大。2007—2012 年财政涉农投入规模翻了两番，年均增速高达 28.6%，之后年度虽大幅回落，但仍保持年均 9.7% 的增长态势，至 2020 年财政涉农投入规模已达到 2.4 万亿元（见图 1-1），庞大的财政支农资金投入，有力地保障了中国粮食安全，快速改善了农村的落后面貌。

习近平总书记 2013 年 11 月在湖南湘西考察时首次提出"精准扶贫"这一重要理念，次年，中央明确在全国范围内建立精准扶贫工作机制，并要求 2014 年底前通过建档立卡，完成对全国所有农村贫困人口的精准识别①。为了支持精准扶贫和精准脱贫，地方财政扶贫投入实现了超高速增长，2020 年达到 0.56 万亿元，较 2012 年翻了三番

---

① 国务院扶贫办：《关于印发〈扶贫开发建档立卡工作方案〉的通知》（国开办发〔2014〕24 号），2014 年 4 月 2 日国家乡村振兴局网站，https：//www.nrra.gov.cn。

1

（见图1-1）。得益于精准的扶贫工作机制和庞大的财政扶贫资金投入，中国仅用8年时间便实现现行标准下9899万农村贫困人口全部脱贫，832个贫困县全部摘帽，完成了消除绝对贫困的艰巨任务。然而，农民增收依然困难，且收入差距仍未得到有效控制，农村高低收入群体收入比扩大至9.3、城乡居民收入比在2.6以上①，农村相对贫困问题仍十分突出并将长期存在。在脱贫攻坚任务完成后，如何有效地解决农村相对贫困问题将是未来中国减贫工作的核心内容。

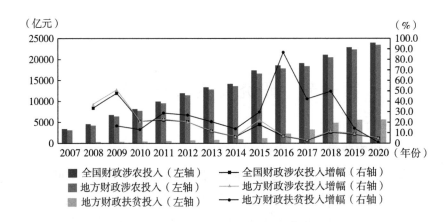

图1-1 财政涉农投入和扶贫投入规模变化情况

注：数据来源于《中国财政年鉴》、财政部官网。财政涉农投入和财政扶贫投入分别选择一般公共预算支出决算中的农林水支出（类级科目）和扶贫支出（款级科目）。

随着中国经济发展进入新常态，地方财政收支矛盾不断加剧，地方政府自有财力供给不足和大量财政资金沉淀并存的问题相当普遍，财政资金配置低效问题非常突出。

一方面，经济增速放缓，企业效益下滑，减税降费力度不断加大，地方财政收入增收乏力，而财税体制改革相对滞后，造成了地方自有财力"捉襟见肘"的现象。财政收支失衡的压力在不同层级政府

---

① 农民高低收入群体收入差距指的是按收入五等份分组后高收入组与低收入组人均收入的比值，城乡居民实际收入比为消除相应价格指数之后的比值，数据均来源于《中国统计年鉴》。

间都有体现，但程度不一，县级政府承担了大量的事权和支出责任，财权却相对有限，其财政收支失衡压力相对更大，这可以通过观察其财政自给系数得到证实。通过表 1-1 可以看出，区县级财政自给系数均在 80% 以下，由于县级政府财政收入增幅从 2014 年开始快速回落，区县级财政自给系数从 2014 年开始持续下降至 70% 以下，财政自给能力持续减弱，其中贫困县更是已下降到不足 20% 的水平，地方政府自有财力的紧张状况相当严峻。

表 1-1　　　　地方政府财政收支及存量资金相关指标变化情况

指标		2012 年	2013 年	2014 年	2015 年	2016 年	2017 年	2018 年
财政收入增幅（%）	市辖区	14.52	14.74	8.04	15.99	7.34	4.03	5.70
	县级市	16.20	19.87	6.94	3.74	4.65	6.15	7.76
	贫困县	27.93	27.38	12.09	6.36	9.44	4.77	—
财政自给系数（%）	市辖区	77.36	79.96	79.55	74.30	70.91	69.09	68.79
	县级市	59.34	62.50	63.14	57.89	56.59	54.51	54.25
	贫困县	18.01	20.44	20.70	18.93	18.98	18.05	—
财政存量资金（亿元、%）	绝对规模	13670	12418	12687	9391	9311	9102	9847
	相对规模	12.75	10.37	9.82	6.25	5.81	5.25	5.23

注：①财政自给系数为一般公共预算支出与一般公共预算收入的比值。②市辖区和县级市统计范围为全国 31 个省份（不含港澳台地区）。③贫困县统计范围为全国 832 个国家贫困县（实际范围未包含 20 个县改区的区数据），因《中国农村贫困监测报告》未公开 2018 年贫困县财政收支数据，故表中 2018 年相关数据无法测算。④存量资金主要包含财政结余结转资金和部门预算结余结转资金，数据仅为前者中的一般公共预算口径；相对规模水平的指标，使用一般公共预算年终结余结转占一般公共预算支出的比重来表示。

资料来源：《中国城市统计年鉴》《中国农村贫困监测报告》《中国财政年鉴》。

另一方面，由于预算管理理念和方法的落后，预算编制和执行中普遍存在既得利益部门化、资金使用碎片化等问题，在传统的渐进预算模式下形成了大量不合理的"基数"，固化或沉淀的财政资金规模庞大，财政存量资金闲置问题突出。由表 1-1 可以看出，地方财政存量资金相对规模在 2014 年之前均在 10% 以上，之后虽然逐年下降，但仍维持在较高水平，若考虑财政已下达但仍闲置沉淀在部门的情况，存量资金规模更为庞大。审计署数据显示[1]，仅18个省份本级财政2014年底的存量资金规模达到1.19万亿元；抽查的69个县（区）2013—2015年农林水资金分配拨付缓慢和统筹整合不到位的比例达到29.77%；抽查的40个贫困县2013—2015年每年收到上级200多项专项补助，最少的专项补助仅4800元，抽查到的50.13亿元扶贫资金中闲置超过1年的比例高达16.82%，最长闲置时间逾15年，涉农领域财政资金配置低效的问题十分突出。财政涉农资金低效配置，不仅会造成财政资金本身的闲置和浪费，还会影响农业高质量发展和农民收入增长，从而产生一系列的经济效应和社会效应。

党的十八届三中全会通过的《中共中央关于全面深化改革若干重大问题的决定》和《中共中央 国务院关于打赢脱贫攻坚战的决定》要求，中国既要深化财税体制改革，又要解决包括贫困县在内的全国区域性整体贫困问题。这意味着有一个亟待解决的问题：如何在尚处于改革进程中的财政体制框架下，进行跨层级、跨领域的涉农资金整合与供给机制优化，集中有限资源完成脱贫攻坚任务，同时让涉农领域的相关探索为财税体制改革提供实践经验？

因此，中央政府于2016年正式启动了支持贫困县开展统筹整合使用财政涉农资金试点，将纳入统筹整合范围的中央财政涉农资金仍按照原渠道下达，但资金项目审批权限完全下放到贫困县，由其按照权责匹配原则自主实施。财政涉农资金整合，是在现有财政体制框架下政府间财政关系调整和地方预算管理制度改革的一次重大创新。鉴于此，本书尝试从财政分权视角构建财政涉农资金整合效应的传导机制，基于财政涉农资金整合实施前后多期数据，客观评价财政涉农资金整合效应，提出进一步统筹整合财政涉农资金的政策建议，以期为中国加快建立现代财政制度，实现巩固拓展脱贫攻坚成果同乡村振兴有效衔接提供决策参考。

---

[1] 数据来自审计署网站相关审计公告和审计报告，分别是《国务院关于2014年度中央预算执行和其他财政收支的审计工作报告》《审计署关于农林水专项资金审计结果》《国务院关于2015年度中央预算执行和其他财政收支的审计工作报告》。

二　研究意义

（一）理论意义

第一，有助于夯实财政涉农资金整合的研究基础。财政涉农资金整合不仅涉及财政支农投入供给和资金管理等现实问题，还涉及财政分权理论和预算管理理论等深层次问题。本书从政府间财政关系调整和地方财政涉农支出配置等视角，系统梳理财政涉农资金整合对农业产出和农民收入的传导机理，有助于进一步深化财政分权理论和预算管理理论研究，夯实财政涉农资金整合这一改革实践的理论基础。

第二，有助于丰富财政支农政策的研究领域。作为"三农"领域政府宏观调控的重要手段，财政支农政策门类繁多，学术界关于涉农领域不同行业、不同类别的单项支农政策的研究十分丰富，但整体性或结构性的研究尤其是财政涉农资金整合等重大支农政策研究相对不足。本书通过创新应用多种财政理论和研究方法，对财政涉农资金整合的政策效应进行客观评价，得出了较为可靠的结论，有助于丰富和拓展财政支农政策研究的相关内涵。

（二）现实意义

第一，有助于构建财政涉农资金整合长效机制，优化财政资源配置。财政涉农资金种类繁多且涉及众多部门，财政涉农资金的整合在中国财政各类资金统筹整合的实践探索中启动时间早、持续时间久，而在贫困县实施的财政涉农资金整合是其中涉及范围最广、政策力度最大的一次试点，其改革实践成果对于统筹使用财政各类资金具有较强的借鉴意义。本书对财政涉农资金整合效应进行系统评价，相关结论有助于提高财政涉农资金使用绩效和财政支农政策实施效果，促进财政资源的优化配置，同时为构建财政涉农资金整合长效机制提供实践经验和决策参考。

第二，有助于丰富财政涉农资金整合效应的应用型研究，推进现代财政制度建设、农业供给侧结构性改革和乡村振兴战略实施。财政涉农资金整合既是发挥财税体制改革牵引作用、推进农业供给侧结构性改革的重要途径，也是建立现代财政制度和实施乡村振兴战略的重要突破口。本书关于财政涉农资金整合效应及其传导效应等的实证结论，有助于更好地发挥财政在农业供给侧结构性改革和乡村振兴战略实施过程中的作用，也有助于推进各类财政资金统筹使用的应用型研究，加快现代财政制度建设进程。

第二节　研究内容与研究方法

一　研究内容

根据技术路线（见图1-2），本书的研究内容分为以下六个章节。

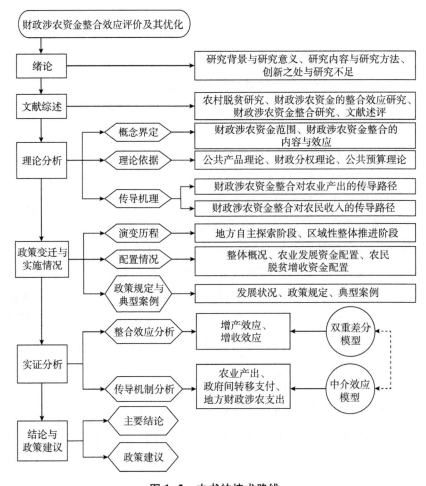

图1-2　本书的技术路线

第一章为绪论。主要阐述本书研究背景与研究目的、研究内容与研究方法、创新之处与研究不足。

第二章为文献综述。主要从农村脱贫、财政涉农资金的整合效应、财政涉农资金整合三个方面进行文献梳理。

第三章为财政涉农资金整合效应的理论分析。首先，对财政涉农资金范围和财政涉农资金整合效应进行界定；其次，就公共产品理论、财政分权理论和公共预算理论等方面深入分析财政涉农资金整合的理论依据；最后，梳理财政涉农资金整合效应的传导机理，从财政分权视角构建财政涉农资金整合对农业产出和农民收入的传导机制。

第四章为财政涉农资金整合政策的变迁与实施情况。首先，考察财政涉农资金整合政策的演变历程；其次，从不同层面分析财政涉农资金的整体概况，以及财政对农业发展、农民脱贫增收的支持情况；最后，在考察贫困县发展状况的基础上，阐述财政涉农资金整合的政策规定，并选择不同类别的典型贫困县对其财政涉农资金整合的实际情况进行案例分析。

第五章为财政涉农资金整合效应的实证分析——基于双重差分模型。在财政涉农资金整合效应的相关研究假设提出的基础上，通过构建双重差分模型对研究假设逐一验证，并进行分类检验，探究不同类别的财政涉农资金整合效应的差异表现。

第六章为财政涉农资金整合效应传导机制的实证分析——基于中介效应模型。在财政涉农资金整合效应实证分析的基础上，进一步提出财政涉农资金整合效应传导机制的相关研究假设，并通过构建中介效应模型对研究假设进行逐一验证，探究农业产出、政府间转移支付和地方财政涉农支出等不同中介变量对财政涉农资金整合效应的传导作用。

第七章为结论与政策建议。一是总结本书的主要结论，二是从中央政府、地方政府和配套政策三个层面提出财政涉农资金优化整合的政策建议。

二 研究方法

第一，理论分析方法。本书根据公共产品理论、财政分权理论和公共预算理论，构建财政涉农资金整合效应传导机制的理论分析框架。主要从预算管理体制特别是财政分权特征出发，构建中央和地方各级政府之间的纵向传导机制、各级政府部门之间的横向传导机制双向传导机制，并进一步聚焦农业产出和农民收入，从理论上分析财政涉农资金整合效应的传导路径，即通过政府间权责的合理划分和财力的协调适应、部门间职责的分工配合和预算管理职权的统筹整合产生增产效应，或通过购买性支出间接渠道、转移性支出直接渠道产生增收效应。

第二，双重差分模型（DID）估计方法。本书致力于科学地评价财政涉农资金整合效应，为了验证其与农业增产和农民增收之间的因果关系，必须选择合适的计量模型方法进行因果推断。DID 估计方法是因果推断的常用方法，其可以剔除处理组与对照组在政策冲击之前的差异，还可以较好地解决试点政策与被解释变量之间的内生性问题，本书采用 DID 的方法估计财政涉农资金整合对农业增产和农民增收的因果效应。

第三，中介效应模型检验方法。在对财政涉农资金整合效应估计的基础上，进一步检验政府间财政关系、地方财政涉农支出、金融资本等不同中介变量对财政涉农资金整合效应的传导作用是本书的重要内容，对此本书选择构建中介效应模型，根据回归系数显著性的不同情况采用依次检验法和 Sobel 法分别进行检验。

第四，案例分析方法。通过选择两个不同类别的典型贫困县就财政涉农资金整合的来源渠道和使用去向、项目选择依据和绩效考评等情况进行案例分析，深入剖析财政涉农资金整合的内部实际情况。

第三节　创新之处与研究不足

一　创新之处

第一，尝试从财政分权视角构建财政涉农资金整合效应的传导机制，并引入中介效应模型进行实证检验。一是从预算管理体制特别是财政分权特征出发，尝试构建财政涉农资金整合效应的双向传导机制。中央和地方各级政府之间的纵向传导机制、各级政府部门之间的横向传导机制，其可通过政府间权责的合理划分和财力的协调适应、部门间职责的分工配合和预算管理职权的统筹整合产生增产效应，通过购买性支出间接渠道、转移性支出直接渠道产生增收效应。二是引入中介效应模型，分别从政府间转移支付和地方财政涉农支出验证财政涉农资金整合效应的传导机制。研究发现，政府间转移支付和地方财政涉农支出的增长表现为遮掩效应而非中介效应。

第二，运用双重差分准自然实验方法客观评价财政涉农资金整合效应。财政涉农资金整合是中国首次由中央政府直接推动的涉农资金重大改革试点，对加快财税体制改革和推进农业供给侧结构性改革具有重要意义，但相关的实证研究尤其是因果推断研究在现有文献中鲜有涉及。本书在梳理中国贫困县政策和财政涉农资金整合政策的基础上，从粮食主产区中部四省选择了 129 个贫困县和 100 个非贫困县共 229 个县的 1374 个观测样本，运用双重差分准自然实验方法发现，财政涉农资金整合具有显著的增产效应，但增收效应并不显著。

第三，发现连片特困地区县财政涉农资金整合增产效应的异质性。按照处理组样本贫困县类别进行分类检验，发现不同类别的贫困县在财政涉农资金整合中产生的增产效应存在显著差异，连片特困地区县的增产效应低于国家扶贫重点县，但明显高于省级扶贫重点县。考虑到连片特困地区县农业生产成本等因素，这一结论更具有积极意义，尤其是对未来推进深度贫困地区发展乡村产业，改善相对贫困状况，具有较强的政策含义。

二 研究不足

本书的实证分析是基于县域样本进行的，然而在公开渠道可获取的县域统计数据相当有限，普遍存在细化和规范程度不够的问题，这也导致了本书的实证分析中的变量选取和研究深度上存在一定不足，主要体现在两个方面：一是因变量方面。本书在农业发展和农民收入的被解释变量上选择了农业总产值、农民可支配收入指标，并选择了城乡收入比指标作为替代变量进行稳健性检验，但受制于数据的可得性，对农业产值结构、农民内部收入差距等层面的探讨尚存在不足。二是中介变量方面。本书在政府间财政关系、地方财政涉农支出配置的中介变量上选择了转移支付收入、农林水支出指标，但由于财政预算公开信息相对有限，涉农转移支付收入规模与结构、财政涉农资金结构等县域面板数据难以直接获取，财政涉农资金整合效应传导机制的深层次探讨也受到了影响。

第二章

文献综述

第一节 关于农村脱贫的相关研究

虽然城市贫困问题同样不容忽视，城市反贫困政策也得到学术界的不断关注（李实、John Knight，2002；都阳、Albert Park，2007；王倩，2020），但中国贫困人口长期集中在农村地区，中国的贫困主要指的是农村贫困现象（林伯强，2003），有学者（罗良清、平卫英，2020）基于"中国健康与营养调查"（CHNS）1989—2015年的10轮数据和贫困缺口指数工具，进一步证实了农村的贫困程度远高于城市，因此，中国的扶贫政策主要针对的也是农村贫困问题。尤其是1986年首次设立国家贫困县以来，中国开发式扶贫政策和精准扶贫政策一直致力于农村减贫事业，集中体现在1994年的国家"八七"扶贫攻坚计划、2001—2020年两个十年农村扶贫开发纲要和2015年发起的脱贫攻坚战等国家扶贫和脱贫战略规划均明确将扶贫和脱贫对象限定为农村贫困人口，而农村贫困人口有六成以上分布在贫困县。在中国现实国情和政策实践的大背景下，学术界对贫困县脱贫问题进行了持续研究，形成了丰硕的文献成果，经过梳理，大致可分为两大方面：一方面是农村贫困及其影响因素研究，另一方面是贫困县脱贫路径及其选择研究。

一 农村贫困及其影响因素研究

贫困有狭义与广义或者单维与多维之分，狭义或者单维的贫困主要是以收入或消费水平为识别标准，欧美以及包括中国在内的世界多数国家普遍采用基于一定的收入或消费水平设定官方贫困线①，虽然这一方法有助于快速识别贫困人口，但是无法反映教育、健康、饮水等其他生活维度的贫困程度，尤其是随着 Sen（1999）明确提出贫困不仅是收入的低效，而且是对人的基本可行能力的剥夺，越来越多的学者开始关注和探究广义或者多维贫困及其测度问题（邹薇、方迎风，2012；王春超、叶琴，2014；郭熙保、周强，2016）。相关研究成果也得到了政府的重视和借鉴，如中国在脱贫攻坚提出的稳定实现农村贫困人口不愁吃（含安全饮水）、不愁穿以及义务教育有保障、安全住房有保障、基本医疗有保障即"两不愁三保障"，这就是多维贫困理论在中国的具体实践。基于中国国情，国内学者对中国农村贫困问题进行了大量研究，主要集中在农村贫困的性质、程度、相对变化等方面（王祖祥等，2006；陈宗胜等，2013；罗良清、平卫英，2020）。

在对农村贫困或脱贫问题进行讨论的同时，学者更为关注有哪些因素影响农村贫困以及其影响力如何。综合已有研究发现，宏观经济增长、国家政策制度、区域地理位置、市场化改革等是贫困影响因素的主要集中点。

宏观层面上的经济增长如何影响农村贫困？两者的关系如何？这始终是贯穿该研究的一条主线。学者的关注起点为，相对于富人而言，在经济增长的过程中，穷人会受到哪些以及何种程度的影响。也有学者将其称为穷人受益性特征。然而，由于对该问题的理解和度量存有众多的观点以及较大的分歧，在一定程度上影响了学者对经济增长和贫困关系的判断。从理论上分析，是由平均收入水平和收入差距变化两者的共同作用，影响贫困的变化的。也就是说，如果给定一个贫困标准，平均收入水平的增长显然有助于贫困人数的减少，而收入差距的扩大会对纾解贫困起到相反的作用。因此，假设说在经济高速

---

① 详见中国国际扶贫中心课题组 2010 年第 1 期研究报告《世界各国贫困标准研究》。

增长的过程中，低收入人群收入的普遍衰退引致收入差距的扩大表现，那么经济增长与贫困人数上升并存的状态也是有可能出现的。理论上的差异引致了实证研究结论的迥异，对既有文献的研究形成了两种截然不同的观点：一种观点认为"经济增长—收入增长—贫困下降"，这是经济增长与贫困关系的逻辑。Dollar 和 Kraay（2002）支持将经济增长作为反贫困政策的核心，他们的研究发现穷人会在经济增长过程中得到益处。以中国 20 世纪 90 年代的贫困实况为例，万广华和张茵（2006）分别运用两组微观家计调查数据进行考察，结果发现平均收入的增长和不平等的下降这两者的共同作用，是 90 年代前半期农村减贫实践成功的主要因素。以中国家庭收入项目调查数据为基础，综合运用贫困指数分解和面板数据回归等模型，夏庆杰等（2010）的实证也得出了贫困下降的主要原因在于收入增长的结论。另一种观点则是坚持经济增长并不能完全解决贫困问题，甚至反而有可能引致贫困的增加。其理由在于，在经济增长的过程中，往往仅有很低比例的利益会流向穷人，贫困并不会自发地减少。

部分学者关注国家政策如转移支付、农村金融、基础设施等对农村贫困的影响。从转移支付视角，樊丽明和解垩（2014）的研究发现公共转移支付对慢性贫困和暂时性贫困的脆弱性没有任何影响，即使改变贫困线的划分，该结论同样成立。从农村金融的视角，吕勇斌和赵培培（2014）分析了其对农村地区贫困的影响，结果表明就规模而言，其对缓解农村贫困起到积极作用，但就效率而言，其作用是负向的。从农村基础设施的视角，谢申祥等（2018）以农户和社区两个层面的数据，实证分析了其对农村贫困的影响，结果发现基础设施的可获得性，尤其是农村自来水设施，对农村减贫具有正向影响。

区域地理位置等因素也对农村贫困产生影响。以农户所在村落的地形特征为研究对象，Gustafsson 和 Wei（2000）的研究发现，地貌会引起农村间的收入差距，进而影响农村贫困发生率，与居住在平原地区的农户相比，山区和丘陵地区的农户更容易陷入贫困。一种观点认为市场化改革没有带来农户收入的增长，甚至由于市场化改革农户贫困在缓慢加剧。Kydd 和 Dorward（2004）的研究表明，即使在自由市场建立和发展的情况下，农业也没有出现普遍的增长现象，农村贫困并没有显著降低。另一种观点认为支持市场化改革有利于农村贫困的缓解。Sicular 等（2007）的研究得出市场化改革降低了中国农村的贫困，举例来说：农村土地承包责任制显著降低了改革开放初期农村的贫困率，农产品收购价格体制的变革显著降低了 20 世纪 90 年代中期农村的贫困率；基于中国农户调查数据，章元等（2009）的分析表明，市场参与的提高能够显著降低农户陷入贫困的概率，但他们也指出这只是贫困降低的必要条件而非充分条件。

二 贫困县脱贫路径及其选择研究

贫困县面临着如何解决贫困的问题，即脱贫路径选择的问题。产业扶贫是中国长期扶贫开发实践中逐步形成的专项扶贫开发模式之一。林万龙等（2018）对四个省份若干个贫困县产业扶贫问题进行了专题调研，调研发现，产业发展带动扶贫模式的精准性不足，贫困农户难以受益，可在产业发展基础过于薄弱的贫困地区开展；救济式产业帮扶模式无助于贫困人口可持续发展能力的提高，背离了产业扶贫的本质是"能力扶贫"的初衷，不应成为产业扶贫的主导模式；瞄准型产业帮扶模式有助于贫困农户提升可持续发展能力，应成为今后产业扶贫的主要模式。发展村集体经济对于贫困县脱贫具有重要作用。胡乃元等（2020）基于山西省贫困县的村集体经济调查数据发现，受制于狭窄的发展路径、不完善的产权制度，农村集体经济发展普遍滞后，低收入的村庄数量占比超过 70%，而且地区间农村集体经济发展不平衡，提出应从强化法律赋权、拓宽发展路径、促进社会认同三个方面推动贫困地区农村集体经济的发展壮大。更多的研究关注微观层面农户本身或者家庭自身。Sen（1999）独辟蹊径打破了对贫困经济概念的传统认识，从基本的公民权利、能力的视角，其强调贫困的实质是一种权利和能力的贫困。在该理论的指导下，学者从农户和家庭层面探讨脱贫能力及路径选择等问题。Imai 和 You（2014）认为中国农村家庭脱贫实质是自主选择的内生过程，在此基础上，其使用包含家庭决策行为的久期模型分析发现，相较于在当地非农就业的家庭，选择农业种植的家庭更容易摆脱持续性贫困。王修华等（2019）指出中国精准扶贫进入"深水区"和"冲刺"阶段后遭遇实践困境，其主要原因在于贫困户欠缺四种能力，即社会参与能力、锐意进取能力、信息利用能力，以及技术应用能力。基于河南省某贫困县的实地调研数据，于乐荣（2019）发现教育、健康和家庭规模等人力资本是影响家庭贫困的重要因素，同时贫困户的主观动力因素也会显著影响脱贫状态，比如有信心的贫困户其率先脱贫的可能性更大。杨均华和刘璨（2019）则认为人力资本、耕地和林地、农业经营劳动投入、非农经营劳动投入、家庭储蓄、社会网络、支农生产、社会保障、通信设施和家庭教育支出等皆是农户脱贫的决定因素。以贫困家庭为分析对象，在引入时间维度的基础上，陈永伟等（2020）考察贫困户脱贫的动态过程及其促进因素，发现家庭外出务工或者提高土地资产的利用价值可有效地增加家庭快速且稳定脱贫的概率。

而在区域层面，学者比较关注制度和扶贫政策干预对贫困地区和贫困农户的影响，包括农村低保制度、产业扶贫政策、贫困县设立政策等。基于2010年中西部五省份大样本农户调查数据，韩华为和徐月宾（2014）发现农村低保显著降低了实保样本的贫困水平，但覆盖率低、瞄准偏误高，以及救助水平不足严重限制了农村低保的减贫效果。以江西脱贫攻坚为例，魏毅等（2017）认为，其重点应从脱贫攻坚目标机制、工作机制、产业发展脱贫机制、扶贫资金保障机制、脱贫攻坚责任机制、扶贫协同机制、脱贫攻坚激励机制、扶贫考核问责机制等方面进行完善。利用陕西省3县6镇863户贫困户的入户调查数据，胡晗等（2018）发现产业扶贫政策有利于生计模式向农业转移，即贫困户将时间更多地分配给农业种植、畜禽养殖活动，同时减少了外出务工的时间，进而帮助贫困户增收、脱贫。利用湘鄂渝黔毗邻民族地区脱贫农户的问卷调查数据，李玉山和陆远权（2020）同样发现生计模式和致富意愿是产业扶贫政策作用的重要路径，产业扶贫政策显著抑制了脱贫农户的生计脆弱性。也有学者运用实证模型检验设立国家贫困县政策对于当地经济发展和减贫效果。徐舒等（2020）基于农村固定观察点微观面板数据，使用双重差分方法评估国家级贫困县设立的减贫效果及收入分配效应，研究发现：对国家级贫困县的扶贫政策使贫困地区的贫困率平均下降了 11 个百分点，同时能改善国家级贫困县内部收入分配情况，尤其是低收入家庭与中等收入家庭的收入差距。

第二节 关于财政涉农资金的整合效应的相关研究

在梳理财政涉农资金的整合效应的相关文献之前，可以通过整理关于农业经济或农民收入的影响因素研究文献，即影响农业增产的因素和农民增收影响农业经济的途径，探究财政涉农资金在其中发挥什么作用。影响农业经济或农民收入主要有投入要素和生产率两种途径，既有文献基于国别、全国、省际等不同层面数据发现，财政支农政策（李焕彰、钱忠好，2004）、制度变迁（乔榛等，2006）、基础设施（吴清华等，2015）、政府监管（赖晓敏等，2019）等都会对农业经济产生影响，而农民收入的影响因素主要有财政投入（赵勇智等，2019）、金融保险（周稳海等，2014）、城镇化发展（陈垚、杜兴端，2014）、农业产业化（闫磊等，2016）等，可以发现农业经济和农民收入存在共同的影响因素，如财政支农投入、金融资本等。崔景华等（2018）利用中国家庭追踪调查（CFPS）微观数据，实证研究村财政支出结构配置对农户的减贫效应差异，其中人均教育投资的效应最大，农业水利生产投资次之，而村行政费用支出和对农户的转移支付的减贫效应较弱，其中对农户的简单直接补贴无助于相对贫困的削减，基层扶贫政策及其财政资金配置应在完善农村农业体制机制改革的前提下，进一步向教育投资和生产性设施建设倾斜。以下分别从财政涉农资金对农业经济和农民收入的影响、财政涉农资金的整合评价两个方面梳理财政涉农资金整合效应的相关文献。

一 财政涉农资金对农业经济和农民收入的影响研究

财政涉农资金的整合状况对经济社会发展的影响即财政涉农资金的整合效应的研究文献，主要集中于财政支农资金投入对农业发展、农民收入等方面。

温涛和王煜宇（2005）运用 1952—2002 年国家层面数据和产出增长率模型实证检验发现，农业增加值和农民收入的增长与财政支农资金规模的扩大并不存在明显的因果关系，反而会受到一定程度的抑制，主要原因是转化机制和监控机制的缺失，财政支农资金绝对规模的增长往往不能有效地转化为农业投资，资金配置效率低效问题严重，简单增加资金投入规模，并不能解决农业农村经济发展面临的资金瓶颈问题。朱春奎等（2010）基于 1983—2006 年国家层面数据和 VAR 模型发现，财政支农投入与农业经济和农民收入间存在长期的均衡关系，财政支农投入每增长 1 个百分点，农业生产总值和农民收入将分别增长 0.12 个和 0.45 个百分点。吕诚伦和江海潮（2016）基于全国 1952—2012 年时间序列数据，运用 VAR 模型证实不同种类的财政支出对农业经济增长的影响效应存在差异，财政非农支出具有间接效应，财政涉农支出具有直接效应，其中农村救济支出具有独立的直接效应，而农业生产支出、农业基建支出和农业科技支出具有溢出的直接效应，并提出应优化支农政策与非农政策，以及支农政策内部结构的组合关系。茆晓颖和成涛林（2014）基于江苏省 2010—2012 年地级市的面板数据，运用固定效应模型实证分析发现，财政支农总支出每增长 1 个百分点，能拉动农民收入水平提高 0.61 个百分点，其中农业支出对农民收入增长的贡献最大，农业综合改革开发支出和水利支出次之，扶贫支出和林业支出均不显著，提出应加大财政涉农支出规模，同时注重其结构的优化。陈鹏和李建贵（2018）则基于省级 2007—2015 年的面板数据，对农村财政支农资金的面板数据进行实证分析，结果表明无论是全国整体水平还是分区域考察，财政各支农资金项目都会对农村地区的减贫增收产生正向的积极作用，但区域间财政各支农资金项目的作用效果存在较大的差异。对比发现，地区发展水平越落后，社会性支农资金项目的减贫增收效应越强，效果越明显。

财政涉农资金涉及范围广、种类多，除从整体上或结构上研判其整合效应，近年来，学者开始从某一项财政涉农资金或补贴入手，深入探究其对农业经济或农民收入的影响效应，相关研究成果集中在农业补贴领域。作为财政涉农资金的重要组成部分，农业补贴的相关文献十分丰富，但因研究视角、选取指标、研究样本、具体政策对象选择的不同，得出的研究结论也存在一定的差异。一是关于农业补贴的类别选择问题，农业补贴主要分为对农产品的价格补贴、对农业生产者的直接补贴以及对农业基础设施建设、科技推广等的一般性补贴，有学者认为基于中国正处于工业化中期的现实需要，现阶段农业补贴政策应以价格补贴为基础，以直接补贴为主体（程国强、朱满德，2012）；而有学者经过实证研究发现，普惠制的直接补贴对粮食播种面积和粮食产量均有一定的负向影响，市场经济转型期实施的工农差别价格机制使价格性补贴政策对农民福利产生"逆向"调节作用，提出财政支农政策的重点应用于扶持农业生产性设施的建设和农业劳动技能的提升（卢成，2019）。二是关于某一项涉农补贴的经济效应问题，如农业机械购置补贴、种粮农民直接补贴、农资综合补贴等，有学者认为财政涉农补贴可以显著提升农业技术化水平，促进粮食生产（王欧、杨进，2014；王许沁等，2018）；但也有学者认为其对粮食生产、农民收入的影响并不明显（黄季焜等，2011；黄少安等，2019）。

二 财政涉农资金的整合评价研究

各地陆续展开的财政涉农资金整合实践也引起学者的关注。部分学者尝试从构建财政涉农资金的整合效果来综合评价指标体系，并以某一市县为例，定量评价其财政涉农资金整合效果。曾福生等（2007）从集中程度、到位程度、完整程度、协调程度和覆盖程度五个维度构建了一套评价财政涉农资金整合效果的指标体系，并根据衡山县调研数据进行测算，结果发现其整合效果的综合得分为61.33分，在协整程度和覆盖程度上取得了较好的效果，但集中程度和完成程度较低，到位程度得分最低，财政涉农资金下达滞后问题较为严重。王奎泉和刘鹏（2013）则结合浙江省富阳市的调研数据，通过建立与之类似的财政涉农资金整合效果测定指标进行了实证分析，发现富阳市财政支农资金整合效果的综合得分为76.24分，主要得益于到位程度、覆盖程度和完整程度等单项指标完成较好，然而其协调程度和集中程度得分较低，主要受到财政涉农项目分散化问题在整合前后未得到较大改变的影响。部分学者从政策演化视角系统梳理了中国财政涉农资金整合政策在不同阶段支持重点的变化。侯小娜和李建民（2019）指出，前三个阶段经历了从稳定粮食生产、加强农业基础设施建设向精准脱贫的转变。未来财政涉农资金整合政策的制定将更趋近于促进政府、市场、农村三方面相协调，必须坚持以市场为导向、以科技为引领、以创新为驱动，构建农业农村创新生态系统。

第三节　关于财政涉农资金整合的
相关研究

　　部分学者在财政涉农资金整合政策背景下，考察不同地区或者某一个、某几个特定国家级贫困县财政涉农资金整合的基本情况和经验做法。彭克强（2008）对财政涉农资金整合试点进行阶段性反思，发现目前整合试点仍处于"摸着石头过河"的阶段，政府对财政支农资金管理和使用规律的认知仍需加强。程俊杰等（2010）以江苏省为例，研究表明财政支农资金整合确实可以有效提高支农资金的使用效率，但由于中国农村管理体制等方面的原因，支农资金整合也带来了一系列问题，比如，项目管理过于集中，管理难度大；省级各职能部门、市级和县级有关部门对开展打包试点工作积极性不高；"整合打包"与省级现行继续扩大专项资金设立的做法存在矛盾；现行的农业管理体制与财政支农资金打包试点不相适应等。吴云等（2011）对广西涉农资金使用管理的现状进行了分析，指出涉农专项资金管理工作中主要存在立项不够规范、执行力度不大、多头管理、人员配置不配套等问题。王仕龙（2014）以浙江 F 市 X 镇为例，分析了其财政涉农项目和涉农资金的科学管理工作，发现存在项目和资金信息沟通难，部门权益左右资源分配；涉农项目申报缺少科学程序；涉农项目的审批缺少科学的制度；资金使用效益低，缺乏绩效评估等问题。刘键（2015）评价了黑龙江省"两大平原"涉农资金整合的实践，指出其取得明显成效的同时，也存在地方政府有关部门对资金整合认识的不大一致，整合后三类资金的各项规划还不够完善，资金整合的平台不够稳定，资金整合项目实施管理和监督难度较大，资金整合与现行的财政专项资金管理体制和审计要求不好适应等问题。丁颖和张会萍（2016）调查研究了宁夏涉农资金信息公开试点工作，得出农户对涉农资金信息公开的内容和方式的评价较低的结论。叶慧和陈敏莉（2017）通过对湖北省国家级贫困县 A 县的调查，发现资金整合效果较好，但也存在纵横向部门工作目标对接、横向部门工作协调、扶贫项目管理实施的问题。杜辉（2019）分析了黑龙江省"两大平原"地区财政涉农资金整合的基本模式，认为其试点经验表明，涉农资金整合与现代农业发展需紧密衔接，以择定整合平台为抓手来同步实现资金集中与规划使用，凸显促进产业发展的政策导向。刘纯阳（2020）深入调查了若干个国家级贫困县统筹整合使用财政涉农资金的情况，发现整合政策在一些地方的实施过程中偶尔存在资金投向加剧贫困县村际和人际间发展不平衡、资金拨付与使用引发新矛盾、资金监管与绩效考核机制不健全、整合政策设计存在公共失灵等困境。

第四节　文献述评

上述研究成果丰富了中国财政涉农资金整合相关议题的研究，并呈现如下特征：一是相关研究大多从不同地区或者某一个、某几个特定贫困县层面展开，鲜有基于县域面板数据的研究尝试。二是研究方法多为统计推断层面，鲜有因果推断层面的实证探究。已有文献的研究方法多为通过利用一定的样本信息进行总体估计，进而进行假设检验以判断估计结果的统计显著性，均属于统计推断层面，由于缺少大量可靠的对照组数据的支撑和准自然实验方法的引入，研究结论的可信性和普适性大打折扣，从而也难以解释财政涉农资金整合与农业产出、农民收入等变量之间的因果关系。三是已有关于财政涉农资金整合的相关研究较多关注整合本身的形式效果，即使是探究其整合效应的文献往往也只选择某一项涉农补贴，而对于财政涉农资金整合在农业产出和农民收入等方面的实质影响及其作用机制的探究相对不足。

鉴于此，本书尝试从三个方面拓展财政涉农资金整合效应研究：一是研究视角下沉至县级层面。本书的实证研究将选择县级层面的面板数据，力求更直接地反映基层政府的实际情况。二是引入DID方法。本书将聚焦在贫困县开展的财政涉农资金整合政策，选取大量可靠的对照组数据，利用DID方法探究财政涉农资金整合与农业产出、农民收入等之间的因果关系。三是拓展研究内容。通过财政涉农资金整合效应的传导机理分析，选取合适的中介变量，运用中介效应模型探究财政涉农资金整合效应的传导机制。

第三章

财政涉农资金整合效应的理论分析

第一节 财政涉农资金整合效应的界定

一 财政涉农资金的范围

财政涉农资金的范围在学术界和官方都尚未形成一个确切统一的定义，有学者认为财政涉农资金是政府为克服市场失灵，运用财政手段支持农业发展的经济行为（王仕龙，2014），涉及的行业范围仅限定在农业领域；有学者则认为财政涉农资金的范围包括中央和地方各级政府在涉及农业、农村、农民即"三农"方面投入的所有财政资金（侯俊明，2013）。不同学者对财政涉农资金的范围界定存在差异，在进行实证研究时，财政涉农资金的统计范围也有不同的口径，中国政府收支分类方法及其改革等因素是财政涉农资金统计口径差异产生的客观原因之一。

2007 年之前，中国政府就支出分类科目进行了多次微调，财政涉农资金的相关支出科目经历了"支援农村生产支出""农业支出""支农支出"等名称的变化和口径的调整，如"农林水气等部门的事业费""农业综合开发支出"等原类级科目被归并至"支农支出"大类之中，但其无法准确地反映财政涉农资金的投入和支出情况，这主要是因为该一时期政府支出分类科目是按照经费性质进行设置的，不能清晰反映政府各项职能活动支出的总量、结构和方向，如财政涉农支出未涵盖"基本建设支出""科技三项费用""政策性补贴"等类级科目在涉农领域的支出。2007年，参照国际货币基金组织（IMF）的做法，并结合中国预算管理和改革发展的实际需求情况，中国进行了政府收支分类改革，核心是两大支出分类科目改革，即分别设置反映政府职能活动的支出功能分类科目和具体用途的支出经济分类科目，进而确定了中国现行的政府支出分类科目框架体系。与IMF《2001年政府财政统计手册》在"经济事务"类级科目下设"农业、林业、渔业和狩猎业"不同的是，中国单独设置类级科目"农林水事务"（2014年名称调整为"农林水支出"，功能科目代码仍为213），下设农业、林业、水利、扶贫、农业综合开发等款级科目，将原"基本建设支出""科技三项费用""政策性补贴"中涉及农林水的部分分别纳入其中，因此农林水事务支出的统计口径范围较改革前的支农支出更大，科目设置也更为规范，此后学者普遍采用该指标进行财政涉农支出的相关研究。但需要指出的是，诸如节能环保支出（功能科目代码211）中的退耕还林、退牧还草、森林管护、天然林保护、农村环境保护，城乡社区支出（功能科目代码212）中的基本农田建设和保护，交通运输支出（功能科目代码214）中的农村公路建设，住房保障（功能科目代码221）中的农村危房改造等反映政府在农村生态保护、基础设施建设和农民住房安全方面的相关涉农支出科目未被纳入现行的农林水支出科目，因此，现行的农林水支出科目仍无法完全涵盖政府对"三农"的所有资金投入和项目支出情况。

为综合反映涉农领域的各方面支出项目，财政部在2007年中央和地方预算执行报告中正式使用"'三农'支出"这一表述，并明确界定了其涵盖范围，具体包括四大类：一是支持农业生产发展支出，如农村基础设施建设、农业综合开发等；二是对农民的补贴支出，主要是粮食直补、农资综合补贴、良种补贴、农机具购置补贴四项补贴；三是农村社会事业发展支出，主要是农村教育、卫生、文化、社会保障等方面的支出；四是农产品储备费用和利息等的支出。由于教育、卫生等农村社会事业方面的支出被纳入其中，"三农"支出的口径范围较农林水支出科目明显更大，以2010年为例，中央决算报告相关数据显示，中央农林水事务支出为 3879.7 亿元（其中本级支出 387.9 亿元，对地方转移支付 3491.8 亿元），而中央财政"三农"支出规模高达 8579.7 亿元（其中支持农业生产支出 3427.3 亿元，对农民的四项补贴 1225.9 亿元，农村社会事业发展支出 3350.3 亿元，农产品储备费用和利息等支出 576.2 亿元）。然而，在仅使用了 6 年时间即 2012 年以后，官方机构便不再对"三农"支出指标进行统计，其中一个主要原因是，这一时期中国出台了城乡一体化改革的一系列举措，集中体现在国务院 2012—2016 年出台的《关于深入推进义务教育均衡发展的意见》《关于统筹推进县域内城乡义务教育一体化改革发展的若干意见》《关于建立统一的城乡居民基本养老保险制度的意见》《关于整合城乡居民基本医疗保险制度的意见》等政策①，中国义务教育、社会保障、医疗卫生等社会事业逐步实现了城乡一体化管理，相关支出功能科目也同步进行了相应的归并调整，继续对农村教育、社会保障、医疗卫生等社会事业发展支出进行单独统计在技术层面有难度，并且随着涉农领域改革的推进，仅从以上四个方面界定"三农"支出范围这一划分方式的局限性也越发明显。中国"三农"领域改革发展任务依然艰巨复杂，对财政涉农资金的类别划分不能只局限于当前实际发展情况，而是应当符合未来改革发展的需要。2015 年，国务院出台《推进财政资金统筹使用方案》，其中在推进涉农资金的统筹使用方面，提出应逐步将涉农资金整合为六大类，分别是农业生产发展、农业综合发展、林业改革发展、水利发展、扶贫开发、农村社会发展，应当说这一划分方式是较为全面的，也是符合中国财政涉农资金改革方向的。

　　无论是支农支出、农林水支出，还是"三农"支出，均属于财政支出范畴，然而，作为财政资金的一部分，财政涉农资金也应当有收入和支出两种存在形式，在其概念和范围的界定时也需同时考虑收入来源和支出用途两个方面，同时对中央和地方不同级次政府间的财政涉农资金进行区分，对本书研究也是十分必要的。基于以上分析，笔

---

① 资料均来源于中华人民共和国中央人民政府网，https：//www.gov.cn。

者认为财政涉农资金是为了弥补"三农"领域的市场失灵，保持农业农村经济社会稳定和可持续发展，促进共同富裕所进行的各项财政投入，其资金范围应当涵盖中央和地方各级政府对农业、农村和农民投入的所有财政资金，具体可划分为农业生产发展、农业综合发展、林业发展、水利发展、农村扶贫开发、农村社会发展六大类（见表3-1）。

表 3-1　　　　　　中央和地方财政涉农资金的收支范围界定

政府级次	收入来源	支出级次	支出科目	支出类别
中央	中央本级资金	中央对地方涉农一般性转移支付	230 转移性支出	农业生产发展、农业综合发展、林业发展、水利发展、农村扶贫开发、农村社会发展
		中央对地方涉农专项转移支付	230 转移性支出	
		中央本级支出	213 农林水支出、211 节能环保支出、212 城乡社区支出、214 交通运输支出、221 住房保障支出等相关涉农科目	
地方	上级资金	上级涉农一般性转移支付		
		上级涉农专项转移支付		
	地方本级资金	地方本级支出		

需要说明的是，由于中国仍处在全面深化改革阶段，政府涉农事务范围并不是固定不变的，而是会随着相关改革的推进发生相应的调整，尤其是近年来的基本公共服务领域改革，会影响农村社会发展类财政资金具体投向和支出界定，如对于实行城乡一体化管理的义务教育、居民养老保险、居民医疗保险等部分社会事业，政府收支分类科目进行了相应的合并调整，不再分列城市和农村，即使仍然进行城乡分列的最低生活保障、特困人员救助供养等部分社会事业，分列数据也大多在支出功能科目的末级即款级才能体现，因此准确统计政府尤其是地方政府农村社会发展资金及其支出规模存在一定难度，但数据统计的局限并不影响农村社会发展被作为财政涉农资金的一个重要类别，后文将根据研究需要作进一步说明。

二　财政涉农资金整合的内容

从资金的整合渠道和整合空间上看，财政涉农资金整合主要包含两个方面的内容：一方面是财政涉农资金在中央和地方各级政府之间的纵向整合，主要受到政府间财政关系或财政分权体制的影响，具体为政府间财政涉农事权和支出责任的划分以及涉农转移支付设置等内容；另一方面是各级政府部门之间的横向整合，主要受到预算管理制度的影响，具体为各涉农部门相关职责分工及其预算管理职权整合等内容。

从资金的整合主体和整合流程上看，财政涉农资金整合主要涉及四类主体：一是在财政涉农资金预算规模决定环节形成的决策主体，主要是各级人大、政府和党委、政协，前者主要施加直接影响，理论上政府提报财政涉农资金总体规模即支出大盘子，报请人大审查批准后方可生效，后者主要施加间接影响，但在中国当前脱贫攻坚进程中，党委的领导作用得到了很大提高。二是在具体财政涉农项目编报环节形成的审批主体，主要是各级政府涉农职能部门，包括财政部门，以及发展改革委、农业、林业、水利、国土、环保、科技等部门，由于中国贫困人口主要集中在农村地区，各级扶贫办也在参与甚至主导涉农项目的审批工作，通常所说财政涉农资金的"多头管理"问题主要指的就是其审批主体涉及以上多个部门。三是在具体财政涉农项目执行环节形成的实施主体，除跨区域的重大涉农项目由中央或省市政府负责实施，一般涉农项目的实施主体主要是县乡基层政府及其相关涉农职能部门。四是在具体财政涉农项目监督评价环节形成的监督评价主体，其中监督主体主要是人大、审计、财政等部门，评价主体的范围相对更广，财政涉农项目相关的所有预算部门和单位，将承担财政涉农资金的部门评价和单位评价职责。

三 财政涉农资金整合效应的理解

财政涉农资金整合效应可以简单地概括为财政涉农资金整合状况对农业农村经济社会发展的影响。财政涉农资金整合状况不仅包括财政涉农资金的整合规模、整合结构等具体表现方面的内容，还包括上文所述的财政涉农资金整合的整合渠道、整合主体等本质特征方面的内容，考察财政涉农资金整合状况不能仅停留在规模与结构等表象层面，而是需要深入分析其整合渠道和整合主体等本质层面的变化。农业农村经济社会发展主要包括农业发展、农民收入增长、农村社会发展等方面的内容，其中，农业发展既包括传统的农林牧渔业经济发展，需要农业生产发展、林业发展和水利发展等类别财政涉农资金的相应支持，也包括农村第一、第二、第三产业融合发展，需要农业综合发展类财政涉农资金的支持；农民收入增长，既需要来自农村扶贫开发类财政涉农资金的直接支持，也需要农业生产发展、农村社会发展等其他类别财政涉农资金通过支持农业发展、农村社会发展间接带动农民收入增长；农村社会发展包括农村教育、医疗卫生、社会保障、住房保障、公共文化、生态环境等公共服务和农村基础设施方面的内容，需要通过农村社会发展类财政涉农资金促进城乡公共服务均等化发展。由于前文已经介绍过农村教育、医疗卫生、社会保障等已基本实现城乡一体化管理，而农村生态环境又具有很强的外部性，且影响因素复杂，本书财政涉农资金整合效应研究不单独研究对农村社会发展的影响，将主要聚焦农业产出和农民收入两个方面。

一方面，财政涉农资金整合对农业产出的影响，即增产效应。农业是国民经济的基础产业，但其具有抗风险能力弱、设施投资周期长、回报率低等特点，因此需要政府的积极干预和财政资金的强力支持。政府通过生产性支出的形式，为农田水利等基础设施建设、耕地保护、农业技术推广等提供合理的财政资金支持，能够有效改变农业基础设施薄弱、土地资源流失、农业技术短缺等要素配置状况，促进农业劳动生产率和土地产出率的提高，进而实现粮食增产和农业产值增加。因此，财政涉农资金整合能够提高农业产出水平。

另一方面，财政涉农资金整合对农民收入的影响，即增收效应。从财政资金的经济性质和农民收入的来源结构上看，财政涉农资金的合理配置主要通过两种渠道促进农民收入增长：一是直接渠道，即可通过最低生活保障、社会救济等非生产性支出增加农民的转移性收入，进而实现农民收入增长；二是间接渠道，即可通过用于支持农业生产和基础设施建设等的生产性支出促进农业发展，带动农民工资性收入和经营性收入的提高，从而实现农民收入增长。研究财政涉农资金整合对农民收入的影响更应当关注后者，即农业发展这一渠道的传导效应，相比而言，这一渠道的可持续性更强。

第二节 财政涉农资金整合的理论依据

一 公共产品理论

最早较为完整地对公共产品进行定义的是美国诺贝尔经济学奖第一人萨缪尔森（Samuelson），其将公共产品定义为这样一种产品：每一个人对这种产品的消费并不减少任何他人也对这种产品的消费。这一经典定义是相当苛刻的，而现实中完全符合这一定义的产品相当少，反而存在大量的介于纯粹公共产品与私人产品之间的产品，即准公共产品。又一诺贝尔经济学奖获得者布坎南在其 1965 年发表的"俱乐部的经济理论"中首次对准公共产品进行了探讨，认为"只要是集体或社会团体决定，为了某种原因通过集体组织提供的产品或服务，便是公共产品"，这极大地拓宽了公共产品的概念，使公共产品理论及其生命力得到了丰富与提高。基于这一理论，虽然农业领域具有一定的竞争性和排他性，但由于农业天然具有抗风险能力弱、设施投资周期长、回报率低的特点，难以由市场自主供给，世界各国普遍实施农业投入与支持保护政策，即采取财政投入等措施，扶持农民和农业生产经营组织发展农业生产，提高农民的收入水平，因此，政府通过财政涉农资金提供支持保护农业发展的物品或服务完全符合布坎南所说的由集体组织或社会团体来供给的特征，完全可以被视为准公共产品。同时，由于中国长期处于城乡二元分割状态，农村地区教育、社会保障、医疗卫生、公共文化、住房安全等公共产品供给长期短缺，尤其城乡间存在显著差距，农民群体的基本公共服务需求作为一种普遍的社会公共需要无法通过市场获得满足，必须通过政府组织进行供给保障。因此，公共产品理论为财政涉农资金支持农业生产和农村社会事业发展提供了理论依据，但由于资源的稀缺性和经济社会的发展变化，各类财政涉农资金必须进行相应整合，以符合农业发展变化规律和城乡社会事业一体化发展要求，财政涉农资金整合可以促进政府利用有限的资源实现涉农领域公共产品的有效供给。

二　财政分权理论

20 世纪 50 年代，西方学者开始从理论上探究地方政府为何存在等议题。逐渐形成了第一代财政分权理论，代表人物为蒂布特（Tibe-out）、斯蒂格勒（Stigler）、马斯格雷夫（Musgrave）和奥茨（Oates）等，他们以新古典理论为分析框架，致力从解决公共产品的最优化供给这一公共产品理论的核心问题中论证地方政府存在的合理性。1956年，蒂布特在其经典文章《地方公共支出的纯理论》中，运用"用足投票"理论解释了地方辖区如何实现公共物品的最优化供给，"用足投票"理论认为，个人在各地方管辖区域之间的移动和地方辖区政府之间的竞争，可以产生一个类似市场的解决公共产品有效供给的方法。1957 年，斯蒂格勒在其《地方政府功能的适当范围》一文中从以下两个方面论述地方政府的存在具有合理性和必要性：一是地方政府较中央政府更接近自己的公众，更具有信息优势，更能提供符合公众偏好的公共产品；二是国内不同辖区的公众有权按照自己的偏好对公共产品供给的种类和数量进行投票表决，而非由中央政府统一指定。马斯格雷夫依托财政三大职能划分建立了财政分权模型，论述了地方政府和中央政府均具有存在的合理性，其中在财政资源配置职能方面指出，公共产品受益范围的不同决定了单一层级政府不可能实现全部公共产品的供给，而是应根据受益范围由相应层级的政府来提供公共产品。奥茨在其经典著作《财政联邦主义》中基于公共产品的消费是涉及全部地域的所有人口的子集且公共产品的供给成本在中央政府和地方政府之间不存在差异等假设条件下构建了理论模型，最终证明了地方政府供给公共产品的效率优于中央政府，被称为奥茨"分权定理"。第一代财政分权理论对于当前中国财政涉农权责划分以及财政涉农资金整合过程中必须发挥地方政府的积极作用仍具有理论指导意义。

第二代财政分权理论形成于 20 世纪 90 年代，以蒙蒂诺拉（Mon-tinola）、钱颖一（Qian）和温加斯特（Weingast）为主要代表，其反对第一代财政分权理论的模型假设，更为强调构造一个有效的政府结构必须考虑政府本身的激励和约束问题，以实现政府官员利益和地方居民福利之间的激励相容，以及各层级政府行为的硬预算约束。第二代财政分权理论也被称为"维护市场的财政联邦主义"，钱颖一从财政联邦制和市场维护两个方面定义了"维护市场的财政联邦制"，首先需要满足联邦制的三个条件，分别是政府内存在一个层级体系（中央政府和地方政府）、各层级政府之间存在制度化的权力划分且具有持久的可信性，其次还需要满足商品和要素可以通过统一的全国市场进行跨区域自由流动、地方政府对其辖区经济负主要责任以及各层级政府都面临硬预算约束等条件，前三个条件确保联邦制的持续性，后两个条件确保市场能够得到维护，正是通过与预算约束的结合，经济权力的分散才能激励地方政府产生合理的行为，而这也成为维护市场的财政联邦制最重要的特征。更为重要的是，钱颖一（2003）将这一理论应用于中国，并与美国、英国进行了比较分析，认为分权化改革创造了市场化改革的根本动力，构成了中国改革开放以来经济快速增长的制度性因素，指出允许进行地区试点是中国分权化改革的一大优点，其可以提供改革的实际宣传样板，如经济特区即具有巨大的改革宣传效果；但同时指出这仍然是一种非规范化的分权化体制，主要表现在缺乏统一的全国市场、地方政府的软预算约束和分权缺乏制度化三个方面，未来继续市场经济的一个途径便是建立一个具有中国特色的维护市场的财政联邦制，也意味着中国既要确保中央政府对统一市场等全国性公共产品的有效控制，还要保持分权化的优越性。

财政涉农资金整合主要是各级政府间、同级政府部门间涉农资金管理职权的上收、下放和归并等，这必然涉及政府间财政关系的调整，需要遵循财政分权理论要求，在确保中央集权的前提下，发挥分权化的优势。同时，财政分权理论要求财政分权必须规范化和制度化，而中国财政涉农资金整合试点往往是在现有体制下中央对试点地区的暂时性放权让利，不规范和缺乏制度化保障的问题较为突出，因此第二代财政分权理论为财政涉农资金整合的规范化和制度化提供了理论基础。

三　公共预算理论

公共产品理论和财政分权理论回答了哪些公共产品需要政府供给

以及由哪一层级政府供给，但由于公共产品种类繁多，尤其在政府资源或预算资金有限的情况下，还有一个不可回避的基本问题："在什么基础上，决定将某一数量的预算资金拨给活动 A 而不是活动 B？"这便是著名的科伊问题，是科伊在 20 世纪 40 年代批评公共预算研究缺乏明确的理论时提出的，尽管这一问题并不是预算本身能够回答的，其本质上属于一个规范性的问题，其结论会受到政治制度和文化传统等核心价值的影响（Schick，1988），但其引发了公共预算理论的研究热潮，并形成了多个公共预算理论流派，主要代表是渐进预算理论、公共选择理论、预算改革理论。

渐进预算理论主要是由 Wildavsky（1964）在其《预算过程中的政治》一文中提出的，其基本命题是预算过程不是全面的而是具有明显的渐进性特征，支出机构不会积极地评估每一个预算年度所有的现有项目和替代项目的价值，而是会特别关注在上一年的预算基础上的边际变化。此后，学者通过计量经济学模型及其在美国等国家的预算实践中不断发现支持渐进预算理论的实证证据（Davis et al.，1966），但渐进预算理论受到了部分学者的批评和质疑，如规范的渐进主义和实证检验之间的分歧、渐进主义的过程与结果之间的混淆等（Bailey and Connor，1975）。预算改革理论是学者在探索解决科伊问题的过程中逐渐形成的，并在美国政府一系列公共预算改革中得到了实践应用。美国自 1930 年起即追求建立公共预算的最优体系，并试图在公共预算决策引入预算理性假设，为此进行了绩效预算、目标预算、零基预算等一系列改革，形成了各种新的预算编制模式，中国当前进行的预算绩效管理等相关改革也吸收和借鉴了美国的经验做法，然而由于引入了完全理性和回避政治过程，预算改革理论的理论探索和改革实践经历了一些波折（White，1994）。总体来看，以上公共预算理论流派均存在一定的缺陷，但不能因此否认其对于当前中国构建现代预算管理制度的重要指导意义。

具体到涉农领域，财政涉农资金的有效整合需要依托公共预算理论解决涉农项目选择和资金使用效益问题，贫困县开展的财政涉农资金整合在现有预算管理制度下，注重预算公开和绩效管理，可以有效推进涉农预算项目的规范透明和有效约束。然而，中国政府尤其是基层政府的整体预算理论水平和技术条件与欧美发达国家还有一定差距，所以必须遵循公共预算理论的一般原则，加快中国特色公共预算理论建构、预算管理制度建设和技术提升。

第三节 财政涉农资金整合效应的传导机理

图 3-1 为财政涉农资金整合效应的传导机理，财政涉农资金整合

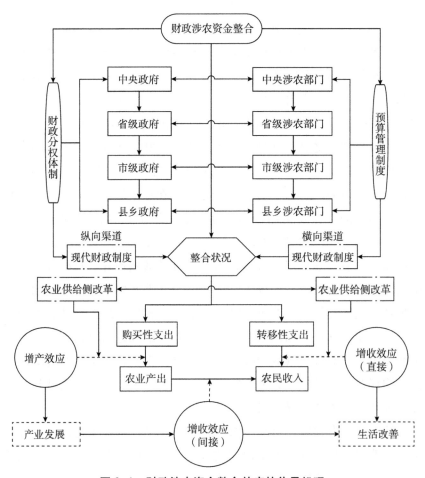

图 3-1 财政涉农资金整合效应的传导机理

的渠道主要包含中央和地方各级政府之间的纵向整合和各级政府部门之间的横向整合，这是由预算管理体制特别是财政分权特征决定的。财政涉农资金整合能够深化预算管理体制改革，助推现代财政制度的建立，而且可以促进农业供给侧结构性改革，提高农业供给质量和增加农民收入。聚焦农业产出和农民收入，财政涉农资金整合可以通过政府间权责的合理划分和财力的协调适应、部门间职责的分工配合和预算管理职权的统筹整合产生增产效应，通过购买性支出间接渠道、转移性支出直接渠道产生增收效应。财政涉农资金整合不仅可以通过其自身支出结构的优化提高农业增产和农民增收，同时还可以推动现代财政制度建立和农业供给侧结构性改革，进一步促进农业高质量发展，改善农民生活。

一　财政涉农资金整合对农业产出的传导路径

财政涉农资金整合能够提高农业产出水平，从财政体制角度来看，主要通过以下两个渠道。

（一）纵向渠道：政府间权责的合理划分和财力的协调适应

鉴于农业的抗风险能力弱等自身特点及其在国民经济中的基础地位，政府需要积极干预，通过财政资金进行强力支持。然而，作为农业大国，有效管理繁杂的农业事务必然需要选择多层级政府结构，那么优化配置财政涉农资金的首要问题便是哪些农业事务应该由哪一级政府来干预，由哪一级政府来支持？比如农田水利等基础设施建设、耕地保护、农业技术推广、扶贫开发等方面的职责应分别由哪一级政府承担，相应所需的财政资金应分别由哪一级政府提供？承担这一职责的政府是否有与之相适应的财政能力和工作效率？这均与财政分权体制息息相关，具体涉及政府间权责划分和财力配置问题。政府间权责划分即财政事权和支出责任在中央和地方各级政府间的合理划分，是财政分权体制改革或者说政府间财政关系调整的逻辑起点，其后则需要配置与之相适应的财力，用以保障财政事权的有效履行。至于履行财政事权的工作效率则与财力的来源渠道密切相关。地方各级政府财力按来源渠道可分为由本级财政收入形成的自有财力和由转移支付形成的上级财力，转移支付按照是否指定用途又分为一般性转移支付和专项转移支付，理论上，由于委托代理和信息不对称等因素，地方利用专项转移支付履行财政事权的工作效率一般是低于自有财力和一般性转移支付等可自由支配财力的，因此政府间财力的优化配置需要政府间收入划分改革和转移支付制度改革。

理论上，政府间财政事权和支出责任的合理划分应遵循外部性、信息复杂程度和激励相容等原则，对于存在跨区域外部性、信息复杂程度较低的事权应当由更高层级的政府负责承担，其可以通过征税、补贴等方式实现公共服务的成本和收益在跨区域地理范围内的完全内部化；对于外部性主要发生在当地、信息复杂程度较高的事权则应当由低层级的政府负责承担，其可以利用更贴近当地居民的信息优势，解决信息不对称问题，并提供更符合当地需求偏好的公共物品。当然，还需要考虑激励机制问题，事权和支出责任的划分需要兼顾局部利益和整体利益，发挥中央政府和地方政府两个积极性。

然而，中国政府间权责的划分一直滞后于收入划分和转移支付制度改革，具体到农业领域，大量的涉农事权由县乡政府承担，但实际可用财力相对有限，对于应当由上级政府承担或者共同承担的事权，其支出责任往往通过简单增加对地方的专项转移支付项目数量和资金规模转嫁给县乡政府，但由于不符合激励相容等原则，并不能真正解决问题，资金沉淀或浪费现象较为普遍。因此，可以通过政府间事权和支出责任适当向上集中、收入划分或者专项转移支付项目审批权适当下放等方式促进政府间财力配置与权责划分相适应，前两种方式更为根本和彻底，可以根据向上集中的事权相应地减少当前地方承担的支出责任，或者通过收入划分改革增强地方财政能力，进而为建立政府间事权、支出责任和财力相适应的制度奠定基础，但是政府间权责划分和收入划分改革均属于系统性改革，尤其是收入划分改革需要考虑政治体制、税收属性、征管效率等因素，是全局性、全领域的重大改革，不能仅考虑涉农等某一特定领域的需要；后一种方式即转移支付制度改革更为折中，属于政府间事权和支出责任划分改革、收入划分改革之外的渐进方案，推行难度相对较小。财政涉农资金整合的核心举措之一便是将中央对贫困县的涉农转移支付资金项目审批权完全下放到贫困县，可以减少被指定用途的财政资金规模，提高地方可自由支配的财政能力，便于贫困县充分利用信息优势自主配置涉农项目，促进农业产出水平提升。

（二）横向渠道：部门间职责的分工配合和预算管理职权的统筹整合

财政涉农事权和支出责任在政府间划分之后，还面临着由哪些部门实施，如何实施更有效率的问题？这便涉及部门间职责的分工配合和预算管理职权的统筹整合问题。理论上，部门间的职责分工配合主要依据相关法律法规以及部门"三定"规定（主要职责、内设机构和人员编制规定）等，部门预算管理职权主要是指各部门预决算的编制权、审批权、执行权、调整权、报告权、监督权等相关权力的总称，相关规定主要来自预算法及其实施条例，也会随着部门间职责分工的调整而进行相应地调整。由于中国处于社会主义市场经济初级阶段，经济社会事务处于快速的动态变化之中，部门间职责分工和预算管理等法律制度改革相对滞后，部门间职责交叉、预算管理职权分散问题较为普遍，尤其"三农"问题涉及面广，涉农资金管理中条块分割、交叉重复等问题更为严重，对此必须通过系统性的机构改革，不断调整完善国家机构设置及其部门职责分工。如中国新一轮国家机构改革方案提出，"将农业部的职责，国家发展改革委的农业投资项目、财政部的农业综合开发项目、国土资源部的农田整治项目，水利部的农田水利建设项目等管理职责整合，组建农业农村部"，新组建的农业农村部整合了分散在其他部委的涉农职责和预算管理职权，而且还明确将中央农村工作领导小组办公室的职责整合进来①，有利于打破体制梗阻，统筹整合涉农资源。

然而，机构改革不可能一蹴而就，近年来各级部门间长期存在职责分工不清、职能交叉重复的问题是不争的事实，所以即使部门间职责分工明确，部门职责的高效履行仍需要现代的预算管理理念和方法

---

① 参见中共中央于2018年印发的《深化党和国家机构改革方案》，中华人民共和国中央人民政府网，https：//www.gov.cn/zhengce/2018-03/21/content_5276191.htm#1。

推动预算管理职权的统筹整合予以保障。传统的"基数+增长"的渐进预算模式在中国尤其是地方政府长期占据主导地位，财政资金分配普遍采取先根据往年执行情况确定各领域、各部门当年支出总额，再安排具体项目的办法，导致"先要钱、再找项目""钱等项目"等问题普遍存在，即使部分地区短期推行零基预算、绩效预算等现代预算管理模式，也由于缺乏健全的支出标准、目标设定和绩效评定等基础体系支撑，各部门上报的预算项目无法按照项目绩效测量的优先顺序然后进行合理配置，结果是部门提报预算总额远超过地方可支配财力，又不得不恢复传统的渐进预算管理模式。同时，中国政府部门预算公开不全面，预算监督评价体系尚未形成。中国预算公开制度改革较为滞后，即便是在新预算法实施后，也因缺乏对公开内容的明细要求、各地政府公开的部门预算信息较为粗略，而缺少预算编制标准、编制依据等关键信息。目前，对部门预算的审查监督仅侧重对合规性的程序审查，很少关注财政资金使用绩效和政策实施效果。以上问题在涉农部门和涉农预算项目同样存在，以在贫困县开展的财政涉农资金整合为例，《国务院办公厅关于支持贫困县开展统筹整合使用财政涉农资金试点的意见》（国办发〔2016〕22号）明确要求，整合工作必须在各级扶贫开发领导小组的统一领导下进行，为了提高统筹协调层次，领导小组组长调整为各级党委书记，同时出台扶贫开发领导小组工作规则等制度性文件，将涉农领域职责和预算管理职权统一于农业（扶贫办）和财政等部门，有利于改变各涉农部门职责分工不清与协调配合低效的局面，是机构改革之外的另一种有效方式；同时明确要求各级涉农部门必须全面推行公开公示制度，应及时向社会公开涉农资金政策文件、管理制度、资金分配、工作进度等信息，贫困县还要公开纳入整合使用范围的资金来源、项目建设、绩效目标等情况，接受社会监督。因此，公开公示制度可以倒逼各级涉农部门尤其是贫困县涉农部门预算管理制度改革，更为科学高效地配置涉农资金，从而有利于提高农业产出水平。

二　财政涉农资金整合对农民收入的传导路径

财政涉农资金整合能够促进农民收入增长，产生增收效应，从财政支出性质和农民收入结构的角度来看，可分为以下两种渠道。

（一）直接渠道：通过转移性支出增加农民收入

财政涉农资金可以通过价格补贴、最低生活保障金、特困供养金、居民养老保险金等转移性支出，增加农民的转移性收入，产生直接的增收效应。但是，对农民的转移性支出也面临两个问题：一是发放方式问题。在涉农补贴实施早期，由于信息不对称和监管漏洞，存在补贴截留等问题，从而在后期对发放方式进行了调整，通过技术手段和加大公开公示力度调整为直接发放的方式，提高了涉农补贴的精准性和效率。二是发放标准和支出结构问题。对农民的转移性支出标准既不能超越经济发展水平和财力可承受能力，也不能长期落后于实际，应科学制定并动态调整；对中国种类繁多的涉农补贴，需要加强涉农补贴结构优化，不能仅局限于对农民的短期增收，更为重要的是实现对农民从事农业生产、改善农村生态环境的正向激励，提升农民的自我发展能力，促进其持续稳定增收。

（二）间接渠道：通过购买性支出促进农业发展进而带动农民增收

一方面，财政涉农资金可以通过支持农业生产、农田水利设施建设、新型农业经营主体培育等促进农业生产发展，进而带动农民经营性收入的提高，财政涉农资金也可以通过支持农业的产业化融合发展，创造更多技术性岗位，提高农民的工资性收入。近年来农民持续增收压力大，一个重要原因是农业生产成本上升，农业经营主体短缺，尤其是留农务农的农村劳动力特别是青壮年劳动力严重不足，这就需要加强发展新型职业农民队伍建设，农业部出台的"十三五"时期全国新型职业农民培育发展规划明确，中央对地方农业生产发展资金应持续支持培育新型农业经营主体，这本身既有利于农业生产的高质量发展，也有利于农民通过从事农业生产实现更高的经营收入。另一方面，财政涉农资金还可以通过支持农村教育、社会保障、医疗卫生、生态环境以及农民技能培训、农村基础设施建设等促进农村社会发展，实现农村基本公共服务状况的改善和农民人力资本水平的提升，让农村环境更加宜居，让农民职业更有吸引力，最终带动农民工资性收入和经营性收入的提高。而且，财政涉农资金支持农村社会发展还有助于推动城乡间基本公共服务均等化进程，促进市场要素在城乡间自由流动，这些对于增加农民就业岗位、带动工资性收入的提升具有十分重要的作用。

有以下几点需要说明：一是传导机制分析未单独考虑农民财产性收入因素。农民收入由四部分构成，除有以上提到的转移性收入、工资性收入和经营性收入，还有财产性收入，但由于中国农村集体产权制度改革滞后，财产性收入长期对农民收入及其增收的贡献相当有限，本书未再单独分析。从数据中可以得到进一步证实，2013—2018年，财产性收入占农民收入的比重一直在2%左右，对农民增收的贡献率也未超过3.5%。二是关于直接渠道和间接渠道对农民增收的贡献差异问题。2013—2018年，转移性收入在农民收入结构和增收贡献中所占比重均为20%左右，农民工资性收入和经营性收入的总贡献率一直保持在70%左右，是农民增收的主要来源，因此要想解决农民增收和收入分配差距问题，应更加关注财政涉农资金整合的间接渠道，即如何通过农业生产发展和农村社会发展带动农民工资性收入和经营性收入的增加，进而促进收入分配状况的改善。三是不能忽略直接渠道和间接渠道背后的财政体制因素。当前，中国对农民收入、农业生产和农村社会发展的专项资金多数由中央政府与地方政府共同承担，其安排标准与资金结构仍然受到政府间财政关系和地方预算制度等财政体制因素的深刻影响。因此，在分析财政涉农资金整合增收效应的传导机制时，不能仅停留在对农民的补贴政策调整或农业生产发展本身，同样需要考虑其背后的政府间财政关系和地方预算制度等财政体制因素。

第四章

财政涉农资金整合政策的
变迁与实施情况

第一节 财政涉农资金整合政策的演变历程

在"多予少取"的工作方针指导和积极的财政政策刺激下，国家财政用于农业的投入在1998—2003年经历了第一轮快速增长，财政支农资金在总量和种类上都在不断增加，其中在总量上2003年较1997年增加988亿元，增长了近1.3倍，但这也带来了资金使用和管理分散的问题，因此作为21世纪第一个聚焦"三农"工作的中央一号文件，2004年中央一号文件即提出了要对现有各项支农投资进行整合，以便于集中财力，提高资金使用效率，随后三年的中央一号文件持续强调加大支农资金整合力度。为应对国际金融危机，2009年中国重启了新一轮积极财政政策，至2013年财政涉农投入规模增长了1.9倍，总额达到1.3万亿元。与此同时，中国经济进入新常态，地方财政收支矛盾不断加剧，地方政府面临自有财力供给不足和大量财政资金沉淀的双重困境，因此2014—2018年的中央一号文件连续五年重提财政涉农资金整合议题，比较而言，这次更为系统化，更注重多层次、多形式的区域性整体改革试点的探索，形成了大量卓有成效的实践经验。下面主要介绍以上两个不同阶段中国财政涉农资金整合政策的实践情况。

一 地方自主探索阶段：2005—2012 年

2004 年中央一号文件提出整合现有各项支农投资议题之后，2005—2007 年中央一号文件均要求加大支农资金整合力度，财政支农资金整合工作主要在财政部、国务院扶贫办主导下由地方自主进行探索。首先，财政部主导的"以县为主、自主开展"财政支农资金整合试点。财政部 2005—2012 年相继出台关于财政支农资金整合的政策文件，其中 2005 年的政策文件提倡以县为主开展试点，并要求慎重选择试点的级次、资金种类，但公开资料并未显示具体进展，直到 2006 年在中央要求进一步加大支农资金力度的政策导向下，财政部开始在 13 个粮食主产省份选择 26 个县开展试点工作，全国各级财政共选择了 160 多个县。其次，国务院扶贫办主导的"县为单位、整合资金、整村推进、连片开发"试点。2007—2008 年，国务院扶贫办连续推动开展了财政扶贫资金等涉农资金整合使用试点工作，其中 2007 年要求每个试点省份选择 1 个国家扶贫重点县，2008 年试点国家扶贫重点县数量扩大至 42 个，对于每个试点县中央财政安排 1000 万元左右的补助资金。通过进一步梳理政策资料发现，财政部和国务院扶贫办主导的财政支农资金整合试点工作呈现以下局限性：一是整合试点的目标不清晰。在试点政策文本中，未提出清晰明确的政策目标，导致试点县自主开展试点存在较大的盲目性，过于注重在资金的形式整合，难以提升资金使用效益。二是试点工作存在整合动机等潜在风险。上级部门对试点县单独安排了相当可观的专项补助资金，这成为试点县"积极"申请获得试点资格的主要动机之一，在未有考核约束的情况下，易带来新的资金低效使用问题。三是试点层级较低，整合力度不足。虽然财政部和国务院扶贫办参与试点工作，但主要起引导作用，整合试点工作由县级政府自主开展，上级政府给予的支持相当有限，未从预算编制源头实现整合，涉农转移支付无法进行实质性整合，且试点范围区域较小，财政支农资金整合试点的实际效果相当有限。

二　区域性整体推进阶段：2013 年以来

2013 年以来，中央层面相继支持开展了黑龙江省"两大平原"涉农资金整合试点、省级涉农资金管理改革试点、市县涉农资金整合优化试点以及贫困县财政涉农资金统筹整合试点等工作，与前一阶段相比，这一时期的财政涉农资金整合工作更加注重多层次、多形式的区域性整体推进，开始探索财政预算编制环节涉农资金的源头整合，并加快涉农转移支付制度改革，下面简要梳理一下这一时期开展的主要区域性整体试点工作。

（一）黑龙江"两大平原"涉农资金整合试点

2013 年，国务院批复了黑龙江省政府和国家发展改革委联合提交的《黑龙江省"两大平原"现代农业综合配套改革试验总体方案》，并将其纳入全国综合配套改革试验区管理（通常被称为"新特区"），随后财政部联合国家发展改革委和黑龙江省政府正式启动了黑龙江省"两大平原"涉农资金整合试点，试点分为 2013—2015 年和 2016—2017 年两个阶段，除农垦系统外的所有市、县全部纳入整合范围，并明确了涉农资金整合目录，经过两个阶段的试点，逐步形成了"中央顶层设计、省级统筹安排、市县具体操作"的整合模式。

（二）地方多层级涉农资金管理改革试点

2015 年，财政部和国家发展改革委联合印发《关于开展省级涉农资金管理改革试点工作的通知》（财农〔2015〕147 号），要求河南、江苏、山东、四川 4 省根据各自省情开展涉农资金管理改革试点，比如河南省选择以高标准粮田建设为平台在 9 个县（市）进行先行试点，而江苏省选择在 12 个省重点帮扶县探索省级涉农资金整合；同年，湖南省根据财政部的批复在 13 个省直管县以高标准农田建设为平台开展了涉农资金整合试点；2016 年，财政部等八部门联合印发《关于开展市县涉农资金整合优化试点的意见》（财农〔2016〕7 号），选择了一个地级市试点（广东省清远市）和三个县级试点（江苏省新沂市、河南省兰考县、湖南省南县），于 2016—2017 年探索适当放权、大类统筹、任务清单的涉农资金整合模式。可以看出，上述试点都是由中央层面授权的探索实践，陆续完成了省、市、县多层级政府的财政涉农资金整合探索，为财政涉农资金的进一步整合工作积累了实践经验。然而，上述整合试点均于 2017 年到期，相对较短的试点期限和相对有限的试点区域，影响了财政涉农资金的实际整合效果。

（三）贫困县财政涉农资金统筹整合试点

2016 年，国务院办公厅印发通知，正式启动了支持贫困县统筹整合使用财政涉农资金试点工作。从发文机构和资金范围来看，贫困县财政涉农资金整合工作首次上升至国务院层面，明确纳入整合范围的 20 大类转移支付资金项目审批权完全下放至贫困县，力度空前；从试点区域来看，试点范围为全国连片特困地区县和国家扶贫重点县，要求 2016 年试点数量不少于总数的 1/3（实际达到 95%），2017 年推广至全部贫困县，并不受贫困县脱贫摘帽政策影响，试点区域范围广；从试点期限来看，试点时间范围初步确定为 2016—2020 年，即在脱贫攻坚期内实施，试点时限较长，有利于稳定试点县预期，制订中长期规划，减少短期行为。可以看出，贫困县财政涉农资金整合试点的范围之广、力度之大在中国财政涉农资金改革历史上是前所未有的，鉴于后文将以其为例进行实证分析，本章第三节将单独对财政涉农资金整合的政策规定和典型案例进行深入介绍和分析，此处不再赘述。

需要补充说明的是，为贯彻落实《中共中央 国务院关于实现巩固拓展脱贫攻坚成果同乡村振兴有效衔接的意见》精神，2021 年 4 月 2 日，财政部等十一部委联合印发《关于继续支持脱贫县统筹整合使用财政涉农资金工作的通知》（财农〔2021〕22 号）[①]，明确支持脱贫县（指原 832 个连片特困地区县和国家扶贫开发工作重点县）延续执行《国务院办公厅关于支持贫困县开展统筹整合使用财政涉农资金试点的意见》（国办发〔2016〕22 号），其中纳入整合试点范围的资金原则上与国办发〔2016〕22 号文件规定的范围保持一致，但试点的区域范围在过渡期（2021—2025 年）的不同阶段有一定的调

---

① 中华人民共和国中央人民政府网，https://www.gov.cn/zhengce/zhengceku/2021-04/13/content_5599291.htm。

整：2021—2023年，在832个脱贫县延续整合试点政策；2024—2025年，整合试点政策实施范围调整至中央确定的160个国家乡村振兴重点帮扶县。鉴于研究需要，本书不再对过渡期财政涉农资金整合及其效应进行单独研究。

第二节　财政涉农资金的配置情况

本节将剖析中国财政涉农资金在全国和政府间等不同层面的整体概况，分析财政支持农业发展和农民收脱贫增收的情况。2007年，中国进行了政府收支分类改革，财政支出统计口径发生了较大变化，为确保各年统计口径一致，本节分析所使用的数据限定为2007—2019年。

一　整体概况

（一）全国层面

本书第三章在界定财政涉农资金的范围时已经探讨了其支出类别，具体可划分为农业生产发展、农业综合发展、林业发展、水利发展、农村扶贫开发、农村社会发展六大类，但并未明确财政涉农资金各大类支出的统计口径，本节的定量分析需对此予以明确。对照政府收支分类科目和现有公开数据发现，难点主要在于如何合理界定农村社会发展支出的口径。通过表4-1可以发现，涉及农村社会发展方面的支出科目较多，涵盖医疗卫生、社会保障、交通运输、住房保障、教育，其中规模过千亿元的项目有医疗卫生支出中的"财政对新型农村合作医疗的补助"、社会保障支出中的"财政对新型农村社会养老保险基金的补助"两个项级科目，2013年决算数分别达到2429亿元、1096亿元。然而，随着统一的城乡居民基本养老保险制度和城乡居民基本医疗保险制度分别于2014年、2017年开始建立，以上两个支出款级科目相继被归并，不再单独反映农村相关支出情况。为了保持各年份数据统计口径的一致，该部分对财政涉农资金配置情况的分析仅限定在农林水支出科目之内。

表4-1   2013—2019年全国农村社会发展部分支出科目情况

单位：亿元

年份	医疗卫生支出	社会保障支出		交通运输支出	住房保障支出	教育支出
	新型农村合作医疗	新型农村养老保险	农村最低生活保障	农村公路建设支出	农村危房改造	农村中小学校舍建设
2013	2429	1096	861	666	382	149
2014	2732	**1349**	869	745	376	150
2015	3096	**1853**	911	848	536	143
2016	3025	**1908**	941	588	446	122
2017	**4461**	**2131**	904	624	419	120
2018	**5009**	**2546**	937	686	457	120
2019	**5607**	**2732**	991	493	394	115

注：根据财政部公开的2013—2019年全国决算数据整理，此表只整理了支出规模较大的部分农业社会发展科目（不含农林水支出）；因城乡一体化改革，表中新型农村合作医疗和新型农村养老保险的相关加粗数据为合并后的口径。

农林水支出下设农业、林业、水利、南水北调、扶贫、农业综合开发、农村综合改革、普惠金融发展支出、目标价格补贴、其他农林水支出等款级科目，根据政府收支分类科目关于各款级科目的说明以及相关资金管理制度，将各款级科目与财政涉农资金六大类的对应关系作如下界定：农业和目标价格补贴两个款级科目作为农业生产发展，主要考虑目标价格补贴对象大豆、棉花等农产品；农业综合开发款级科目为农业综合发展；林业款级科目为林业发展；水利和南水北调两个款级科目作为水利发展，考虑南水北调本身就是重大水利工程；扶贫款级科目即扶贫开发；农村综合改革、普惠金融发展支出和其他农林水支出三个款级科目作为农村社会发展，主要考虑农村综合改革支出为农村一事一议公益性项目建设、对村民委员会和村党支部的补助等，普惠金融发展支出主要为支持农村金融机构、涉农贷款增量奖励等，均与农村社会事业发展存在较大关联，鉴于农林水支出之外还有部分科目属于农村社会发展，为减少统计误差，将其他农林水支出款级科目纳入农村社会发展类别。下面将分别从规模与结构两个方面分析全国层面财政涉农资金的配置情况。

1. 规模变化情况

经过上述处理，全国层面财政涉农支出规模变化情况如表4-2所示，可发现以下特点。

表4-2　　　　　2007—2019年全国财政涉农支出规模变化情况

年份	总量规模（亿元、%）			增长速度（%）		
	财政涉农支出	财政支出	占比	财政涉农支出	财政支出	财政收入
2007	3405	49781	6.84	—	23.15	32.41
2008	4544	62593	7.26	33.46	25.74	19.50
2009	6720	76300	8.81	47.90	21.90	11.72
2010	8130	89874	9.05	20.97	17.79	21.28
2011	9938	109248	9.10	22.24	21.56	25.00
2012	11974	125953	9.51	20.49	15.29	12.88
2013	13350	140212	9.52	11.49	11.32	10.20
2014	14174	151786	9.34	6.17	8.25	8.64
2015	17380	175878	9.88	22.62	15.87	8.48
2016	18587	187755	9.90	6.94	6.75	4.82
2017	19089	203085	9.40	2.70	8.17	8.14
2018	21086	220904	9.55	10.46	8.77	6.24
2019	22863	238858	9.57	8.43	8.13	3.83

注：数据源于《中国统计年鉴》和财政部网站，相关数据均为决算数，均为一般公共预算口径；由于2007年政府收支分类改革，无法计算2007年农林水事务支出增幅数据。

（1）全国财政涉农支出总量规模一直保持增长态势，且多数年份要快于财政支出增速，共同经历了高速增长向低速增长的转变。样本期内，财政涉农支出除2017年，其余年份增速均在5%以上，最高时达到47.9%，并且除2014年和2017年，其余年份增速均快于财政支出；但从变化趋势上看，财政涉农支出增速呈现较为明显的回落趋势，2008—2012年有所波动，但均保持20%以上的高速增长，其后迅速下滑至10%左右甚至以下（2015年除外），这一时期中国经济进入新常态，财政收入增收乏力，难以支撑财政涉农支出继续高速增长。

（2）全国财政涉农支出相对规模保持稳中有升的态势。2007—2016 年，财政涉农支出占财政支出的比重由 6.84% 上升至 9.9%，提升 3.06 个百分点，随后 3 年虽未能继续攀升，突破 10%，但下降幅度有限，仍保持在 9.5% 左右，考虑到此次统计未纳入农林水支出之外的农村社会发展支出，财政涉农支出实际相对规模应在 10% 以上。

2. 结构变化情况

通过农业生产发展等六大类支出在财政涉农支出的比重指标，进一步考察财政涉农支出结构变化。从图 4-1 可以发现其呈现以下特点。

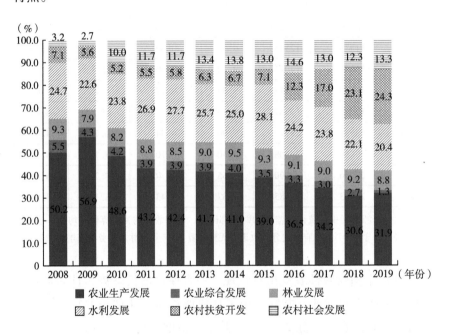

图 4-1　2008—2019 年财政涉农支出结构变化情况

注：数据来源于《中国财政年鉴》（2009—2019）和财政部网站。2007 年未公开农林水支出的分项数据，因此图中未体现该年度的分类数据。

（1）农业生产发展类支出一直是财政涉农支出中比重最高的大类支出，但呈现较为明显的下降趋势。农业生产类支出占比在 2009 年达到峰值 56.9%，此后逐年下降，仅在 2019 年有小幅上升，10 年间

下降了 25 个百分点。

（2）水利发展类支出占比仅次于农业生产类支出，12 年来呈现先上升后下降的变化趋势。水利发展类支出的上升阶段主要集中在"十二五"时期（2011—2015 年），这与 2011 年中央一号文件专题部署加快水利发展存在较大关联，文件提出要大兴农田水利建设等措施，公共财政对水利的投入进一步加大，2015 年达到峰值28.1%，但随后逐年下降，3 年间下降 6 个百分点，2018 年首次被农村扶贫开发类支出超越。

（3）农村扶贫开发类支出占比提升幅度最大，呈现先小幅波动后快速提升的变化趋势。农村扶贫开发类支出占比在前 7 年经历了先下降后上升的变化，但下降幅度有限，在两个百分点以内，2015 年恢复至 2008 年水平（7.1%），之后仅用 4 年便提升了 17.2 个百分点，达到 24.3%，这与中共中央和国务院 2015 年 11 月吹响脱贫攻坚战的冲锋号密切相关，因其明确要求到 2020 年确保农村贫困人口摆脱绝对贫困，得益于精准扶贫工作机制和庞大的财政资金投入，所以仅用 4年时间即完成农村减贫 5024 万人，每年减贫规模均在 1100 万人以上。

（4）农村社会发展类支出占比呈现快速提升后小幅波动的变化趋势。农村社会发展类支出占比在 2010 年一次性提升了 7.3 个百分点，之后每年变化幅度控制在两个百分点以内，至 2016 年最高达到14.6%（考虑到教育、社会保障、医疗卫生等农村社会发展未纳入因素，这一指标可能会更高），这主要得益于近年来实施的城乡基本公共服务均等化政策。

（5）林业发展和农业综合发展两类支出占比较低且相对稳定。12年间，林业发展类支出占比仅下降 0.5 个百分点，各年间波动幅度也未超过 0.5 个百分点（2009 年除外，当年下降了 1.4 个百分点）；农业综合发展类支出占比最低，且呈现不断下降趋势，至 2019 年仅为1.3%，然而根据《国家农业综合开发资金和项目管理办法》（财政部令第 84 号）的规定，农业综合开发的主要任务是"加强农业基础设施和生态建设，转变农业发展方式，推进农村第一、第二、第三产业融合发展"①，可以看出农业综合发展类支出对于提高农业综合效益、促进农业可持续发展和农民增收均有重要作用，在未来财政涉农支出结构中仍有较大的提升空间。

（二）政府间层面

财政涉农资金在政府间层面的配置主要体现在涉农领域政府间财政事权与支出责任的划分以及转移支付制度的安排上，由于前者还处在改革之中，相关政策尚未出台，本部分主要从转移支付收入视角探究涉农领域中国政府间财政关系的态势变化。从 2009 年起，财政部将财力性转移支付和一般性转移支付分别更名为一般性转移支付和均衡性转移支付，形成了由一般性转移支付和专项转移支付构成的中央对地方转移支付制度，其中专项转移支付是"中央政府为实现特定的经济和社会发展目标无偿给予地方政府，由接受转移支付的政府按照中央政府规定的用途安排使用的预算资金"，简言之就是有规定用途的一类转移支付，而一般性转移支付多数不指定用途，可以由地方统筹使用的一类转移支付。一种流行的观点认为可以通过提高一般性转移支付占比实现转移支付结构的优化（杨志勇，2019），当然一般性转移支付也存在被指定用途的项目资金，这在后文将单独分析，本部分主要利用一般性转移支付和专项转移支付分类指标分析涉农领域转移支付结构变化情况。

两类转移支付各自下设的转移支付项目种类很多，也在不断变化，尤其是在 2014 年国务院要求改革中央对地方转移支付制度，专项转移支付进行了清理和整合，一般性转移支付占比得到了提高，具体到涉农领域，各转移支付项目统计口径也发生了一定变化，为了提高数据的可比性，将中央对地方涉农转移支付相关项目进行以下处理和说明：一是涉农领域一般性转移支付主要由财政专项扶贫资金、农村综合改革转移支付、农村税费改革转移支付、产粮大县奖励资金四项构成。财政专项扶贫资金在 2011—2014 年作为专项转移支付体现

---

① 财政部：《国家农业综合开发资金和项目管理办法》（财政部令第 84 号），2016 年 9 月 6 日中华人民共和国财政部网站，https：//tfs.mof.gov.cn/caizhengbuling/201609/t2016 0909_2413917.htm。

在农林水支出之中，2015 年开始作为一般性转移支付体现在老少边穷转移支付之中，对此将 2011—2014 年财政专项扶贫资金从农林水专项转移支付中调至一般性转移支付；农村综合改革转移支付是在 2014年取消并在村级公益事业建设一事一议财政奖补资金的基础上设立的，因此其 2011—2013 年数据由村级公益事业奖补转移支付数据代替；农村税费改革转移支付 2014 年纳入固定数额补助不再单列，其后数据按照 2012—2013 年的不变数据进行填补。二是涉农领域专项转移支付采用农林水专项转移支付口径数据。除农林水支出，中央对地方专项转移支付中的农村义务教育薄弱学校改造补助资金、农村环境保护资金、农村危房改造资金等专项资金属于农村社会发展类支出，但由于财政涉农支出已经确定为农林水支出口径，为了确保在测算转移支付对地方财政涉农支出贡献率时口径一致，本书在此不再将农林水支出之外的上述农村社会发展类专项资金纳入涉农领域专项转移支付。三是中央对地方转移支付口径。中央对地方转移支付为一般性转移支付和专项转移支付之和，不包含中央对地方税收返还，但2019 年，财政部将中央对地方税收返还与固定数额补助合并，列入一般性转移支付，为保证口径可比，将 2019 年中央对地方税收返还从一般性转移支付中扣除。四是相关数据的时间范围选择为 2011—2019年。主要原因是 2009—2010 年中央对地方转移支付分类数据未公开财政专项扶贫资金、产粮大县奖励资金等项目明细。下面分别从涉农转移支付规模与结构两个方面分析政府间层面财政涉农资金整合的态势变化。

1. 规模变化情况

经过上述处理，涉农领域中央对地方转移支付规模变化情况如表4-3 所示，可发现以下特点。

表4-3　2011—2019 年涉农领域中央对地方转移支付规模变化情况

年份	总量规模（亿元、%）			增长速度（%）	
	涉农领域转移支付	全部领域转移支付	占比	涉农领域转移支付	全部领域转移支付
2011	5371	34881	15.40		

年份	总量规模（亿元、%）			增长速度（%）	
	涉农领域转移支付	全部领域转移支付	占比	涉农领域转移支付	全部领域转移支付
2012	6523	40234	16.21	21.45	15.34
2013	6549	42973	15.24	0.40	6.81
2014	7037	46509	15.13	7.45	8.23
2015	7865	50079	15.71	11.77	7.67
2016	8025	52574	15.26	2.03	4.98
2017	8354	57029	14.65	4.10	8.47
2018	8739	61649	14.18	4.62	8.10
2019	9129	67846	13.46	4.46	11.61
均值	7510	50324	14.92	6.86	8.67

注：数据根据财政部网站历年决算数据整理而得。从2019年起，有关土地指标跨省域调剂收入由地方上解缴至中央财政，再通过转移支付安排给地方。由于这部分收入只是在地区间转移，没有实质性增加中央财政收支，为保证口径可比，参照财政部的处理方式，2019年转移支付相关数据均作扣除处理；下同。

（1）涉农领域中央对地方转移支付总量规模一直保持增长态势，但各年度间波动较大。9年间，涉农领域中央对地方转移支付总量规模增长了69.97%，2019年达到9129亿元，年均增速6.86%，落后全部领域1.81个百分点；且各年度间波动较大，波动幅度在5个百分点以上的有三个年份，而全部领域仅有一年，涉农领域转移支付增速波动的最大幅度出现在2013年，当年仅增长0.40%，较上年增幅（21.45%）骤降了21.05个百分点，在经历两年增长后，2016年增速又回落至2.03%，较上年增幅（11.77%）又骤降了9.74个百分点，表明涉农领域转移支付安排具有一定的随意性。

（2）涉农领域中央对地方转移支付总量规模占全部领域的比重较高，但整体呈现下降趋势。从均值指标来看，涉农领域中央对地方转移支付总量规模年均投入达7556亿元，占全部领域转移支付的比重为14.92%，应当说这一指标是相当高的，在一定程度上体现了中央对地方"三农"工作的支持力度。分年度指标看，2012年达到峰值

16.21%，之后年度虽有波动但整体处于下降趋势，至 2019 年降至最低点 13.46%，这与为了加快基本公共服务均等化进程，中央加大了对教育、社会保障、医疗卫生等基本公共服务领域的转移支付力度有一定关联，但 9 年间仅下降 1.94 个百分点，整体而言，中央对地方转移支付在涉农领域的配置份额相对来说是比较稳定的。

为进一步考察地方政府对转移支付的依赖程度，分别从全部领域和涉农领域比较转移支付对地方财政支出的贡献变化情况，如表 4-4 所示。从均值指标来看，中央对地方转移支付对地方财政支出的贡献率达到 34.19%，在涉农领域这一数值则达到了 47.23%，高出 13 个百分点以上，表明地方政府在涉农领域对中央转移支付的依赖程度更高，也意味着涉农领域财政分权程度相对更低。从分年度指标来看，除了个别年度小幅提升，无论是全部领域还是涉农领域，均处于下降趋势，表明地方政府对中央转移支付的依赖程度在下降，财政分权程度得到了一定提升，其中全部领域在 9 年间下降 4.31 个百分点，涉农领域则下降了 15.53 个百分点，下降幅度更大，表明涉农领域地方财政分权程度得到了更大程度的改善。

表 4-4　　转移支付对地方财政涉农支出贡献变化情况及其比较

年份	全部领域（亿元、%）			涉农领域（亿元、%）		
	中央对地方转移支付	地方财政支出	贡献率	中央对地方涉农转移支付	地方财政涉农支出	贡献率
2011	34881	92734	37.61	5371	9521	56.41
2012	40234	107188	37.54	6523	11471	56.86
2013	42973	119740	35.89	6549	12823	51.07
2014	46509	129215	35.99	7037	13634	51.61
2015	50079	150336	33.31	7865	16642	47.26
2016	52574	160351	32.79	8025	17808	45.06
2017	57029	173228	32.92	8354	18380	45.45
2018	61649	188196	32.76	8739	20493	42.64
2019	67846	203759	33.30	9129	22330	40.88
均值	50324	147194	34.19	7510	15900	47.23

注：数据根据财政部网站历年决算数据整理而得。

2. 结构变化情况

表 4-5 显示了涉农领域中央对地方两大类转移支付规模变化情况，可以发现涉农领域一般性转移支付和专项转移支付规模存在不同的变化趋势。

表 4-5　　　涉农领域中央对地方两大类转移支付规模变化情况

年份	总量规模（亿元）			增长速度（%）		
	中央对地方转移支付	一般性转移支付	专项转移支付	中央对地方转移支付	一般性转移支付	专项转移支付
2011	5371	1457	3914			
2012	6523	1607	4916	21.45	10.29	25.60
2013	6549	1720	4829	0.40	7.06	-1.77
2014	7037	1850	5187	7.45	7.52	7.42
2015	7865	1907	5958	11.77	3.12	14.86
2016	8025	2159	5865	2.03	13.21	-1.56
2017	8354	2343	6010	4.10	8.51	2.47
2018	8739	2554	6186	4.62	8.97	2.92
2019	9129	7494	1635	4.46	9.42	2.41
均值	7510	2566	4944	6.86	8.48	6.20

注：数据根据财政部网站历年决算数据整理而得。为了集中反映中央承担的共同财政事权的支出责任，2019 年中央财政将转移支付中属于共同财政事权的项目整合设立共同财政事权转移支付，暂列入一般性转移支付，农业生产发展资金等 11 大项涉农专项转移支付调至一般性转移支付，同时，农村综合改革转移支付自 2019 年起由一般性转移支付调至专项转移支付。做出上述调整后，涉农领域中央对地方一般性转移支付和专项转移支付的项目和规模的口径发生较大变化。为了保障口径可比，表中 2019 年总量规模数据不作调整，但增速数据按照 2018 年的涉农转移支付项目进行同口径调整。

从年均规模来看，涉农领域中央对地方一般性转移支付达到 2566 亿元，为专项转移支付一半左右的规模，表明涉农领域转移支付结构有待进一步优化。从年均增速来看，涉农领域中央对地方一般性转移支付达到 8.48%，高于专项转移支付 2.28 个百分点。

分年度来看，除 2015 年，涉农领域中央对地方一般性转移支付均保持 7% 以上的增速，最高值为 2016 年，达到 13.21%，而专项转移支付各年度间的波动幅度相对更大，其在 2013 年和 2016 年出现了负增长，波动幅度分别达到 27.37 个百分点、16.41 个百分点，表明涉农领域中央对地方转移支付安排的随意性主要来自专项转移支付。

为了进一步直观地考察涉农领域中央对地方转移支付结构情况，分别整理了全部领域和涉农领域一般性转移支付和专项转移支付的占比变化情况，如图 4-2 所示。

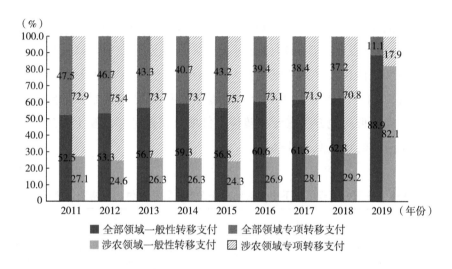

图 4-2　全部领域和涉农领域一般性转移支付和专项转移支付的占比变化情况

从整体情况来看，除了 2019 年，涉农领域一般性转移支付占比一直未超过 30%，明显低于全部领域水平，二者差距最大达到 33.6 个百分点，表明涉农领域被指定用途的资金比例更高，地方统筹使用难度更大。从变化趋势来看，2011 年以来全部领域一般性转移支付占比呈现逐年上升的趋势，至 2018 年提升了 10 个百分点以上，达到 62.8%；而同一时期，涉农领域一般性转移支付比重仅提升了约 2 个百分点，达到 29.2%，上升趋势并不明显，部分年份还出现下降，2015 年降至 24.25%，表明涉农领域转移支付结构还存在很大的优化空间。随着 2019 年共同财政事权转移支付调至一般性转移支付，全部领域和涉农领域转移支付结构均发生较大变化，一般性转移支付比重均提升至80%以上，但与教育、医疗卫生等领域不同的是，涉农领域中央与地方共同财政事权和支出责任划分改革方案尚未出台，涉农领域转移支付结构优化仍缺乏坚实的制度保障，地方政府统筹使用农业生产发展资金等11大项涉农专项转移支付依然存在较大难度。

通过图4-2还可以发现，2011—2018年涉农领域中央对地方专项转移支付资金规模占比均达到70%以上，因此，为了更为全面地考察政府间层面财政涉农资金整合状况，进一步对涉农专项转移支付进行深入的结构化剖析是十分必要的。从2014年起，财政部开始在《中央对地方税收返还和转移支付决算表》中公开专项转移支付的项目明细（之前仅公开到款级科目），这为上述设想的实现提供了可能。通过对2014—2019年共106个涉农专项转移支付项目数据的整理分析，发现中央对地方涉农专项转移支付项目在数量和规模上发生了积极和不同的变化（见表4-6）：

表4-6　各资金规模区间下中央对地方涉农专项转移支付的结构变化情况

资金规模区间（亿元）	项目数量（个）						项目金额（亿元）					
	2014年	2015年	2016年	2017年	2018年	2019年	2014年	2015年	2016年	2017年	2018年	2019年
(1000, 2000)	2	2	2	2	2	2	2238	2627	2599	3248	3281	3252
(100, 1000]	11	12	11	6	6	6	2609	3070	3022	2453	2563	2859
(10, 100]	13	7	6	5	5	4	433	257	242	307	340	267
(0, 10]	2	0	0	0	0	0	17	0	0	0	0	0
合计	28	21	19	13	13	12	5296	5955	5863	6008	6184	6378

注：数据根据财政部网站历年决算数据整理而得；表中各年不同资金规模区间的项目金额加总数据已进行向下取整处理，各年合计数略低于上文中央对地方涉农专项转移支付数，原因是财政部决算数据并未公开农林水专项转移支付全部项目，只公开其中的主要项目，本表不包含未公开的项目资金；由于涉农基建支出在2014—2015年未公开分类项目，将其作为一个项目，以确保年度间口径一致。为了保障口径可比，表中2019年项目数量和项目金额数据按照2018年的涉农转移支付项目进行同口径调整。

第一，项目总体数量实现了大幅精简。2014年项目总体数量达到28个，100亿元以下项目数量超过一半；之后年度项目总体数量逐年下降，2017—2018 年缩减至一半以下，保持 13 个，2019 年又精简至 12 个。

第二，项目支出结构实现了一定优化。2014 年，涉农专项转移支付有两个 10 亿元及其以下的，最小的项目金额是 6.7 亿元，为中央分成水资源费补助地方经费，此后 100 亿元以下项目进行了清理整合，不仅项目数量大幅缩减，项目金额占比也下降了 3 个百分点左右，与此同时，1000 亿元以上的两个项目金额占比提升了 10 个百分点以上，2019 年达到 53.05%，两个项目分别是农业生产发展资金和涉农基建支出，其中农业生产发展资金是在 2017 年整合农业支持保护补贴（2015 年整合农资综合补贴、农作物良种补贴、种粮农民直接补贴，即农业"三项补贴"）、农业机械购置补贴、能繁母猪补贴、生猪良种补贴、奶牛良种补贴等多项涉农补贴资金以及现代农业生产发展资金、农业科技成果转化与技术推广服务补助资金等基础上设置的，此后成为涉农专项转移支付中规模最大的单类项目，但这也并不意味着原有的补贴全部取消，实际上如农业"三项补贴"和农业机械购置补贴等仍在继续实施，只是作为其中两个支出方向统一纳入农业生产资金管理。

需要说明的是，一般性转移支付与专项转移支付具有不同的设置目标和分配办法，一般性转移支付占比并不是越高越好，而是要与政府间权责划分、经济和社会发展目标相适应，但是在当前地方财政收入增收乏力，财力缺口不断加大的情况下，需要更加重视提升地方政府预算资金统筹使用能力，显然，专项转移支付或者一般性转移支付被过多地指定用途和大量财政涉农资金项目审批权由中央控制是不利于这一目标的推进的，而且从以上分析中可以看出，在涉农领域这一问题更加突出，这也正是财政涉农资金整合和转移支付制度改革的重要原因，当然这需要触动庞大的既得利益群体，从体制机制上进行根本变革，难度很大，因此，相关改革进展并不顺利，如涉农领域中央与地方共同财政事权和支出责任划分改革方案至今未能出台。但可喜的是，在脱贫攻坚战的大背景下，财政涉农资金整合触及了中央对地方财政涉农转移支付资金项目审批权这一核心要素，纳入统筹整合范围的转移支付资金项目审批权被要求完全下放至贫困县，这对优化政府间财政涉农资金整合乃至建设现代财政制度具有重要的现实意义，本章第三节将进行详细阐述。

二　农业发展财政资金的配置情况

国务院出台"十三五"时期全国农业现代化规划①，将农业现代化指标体系分为 7 大类 31 项，其中农业结构大类方面有畜牧业产值和渔业产值占农业总产值的比重等指标，质量效益大类方面有农业劳动生产率等指标；中国农业科学院开展了全国及各省份农业现代化发展水平的监测评价工作，在《全国农业现代化监测评价指标体系方案》中提出由 6 项一级指标 23 项二级指标构成的农业现代化评价指标体系②，其中：产业体系一级指标下主要有农产品加工业与农业总产值之比、养殖业产值占农业总产值比重、农林牧渔服务业增加值占农林牧渔业增加值的比重等二级指标，分别用于反映农业加工水平和产业结构调整情况；生产体系一级指标下主要有农作物耕种收综合机械化率等二级指标，反映农业机械化发展水平；质量效益一级指标下主要有农业劳动生产率等二级指标。可以看出，实践中反映农业现代化发展水平的指标主要集中在农业劳动生产率（农林牧渔业增加值与第一产业就业人员数的比值）、农作物耕种收综合机械化率、农业总产值（增加值）及其结构等。因此，本部分将首先以农业总产值和农业增加值的实际增幅和分项产值结构等指标，考察农业产出增长和产业结构调整的整体情况，其次以农业劳动生产率和农作物耕种收综合机械化率指标考察农业质量效益水平和机械化发展水平，同时从农业机械购置投入视角剖析各级财政在总投入中的比重变化情况。

（一）农业产出增长和产业结构调整情况

图 4-3 为改革开放以来全国农业总产值和增加值实际增速变化

---

① 国务院：《关于印发全国农业现代化规划（2016—2020 年）的通知》，2016 年 10 月 17 日中华人民共和国中央人民政府网：https://www.gov.cn/zhengce/zhengceku/2016-10/20/content_5122217.htm。

② 参见农业农村部网站：http://www.moa.gov.cn/xw/zxfb/201711/t20171117_5903945.htm。

趋势。

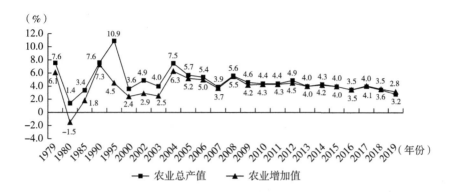

图4-3 改革开放以来全国农业总产值和增加值实际增速变化趋势

注：数据根据《中国统计年鉴》《中国农村统计年鉴》历年相关数据整理而得，农业总产值（增加值）的统计口径均与农林牧渔业总产值（增加值）是一致的。

由图4-3可以看出，全国农业总产值和农业增加值的变动趋势是基本一致的，尤其是2007年以后，二者的实际增速差距均在0.5个百分点以内。1979—2008年，农业总产值和农业增加值的实际增速波动较大，其中农业总产值波动更大，最高点（1995年，10.9%）与最低点（2000年，3.6%）相差达到7.3个百分点；2009—2018年，农业产出水平较为平稳，实际增速基本保持在3.5%至4.5%，但仍有下滑趋势，2019年农业总产值仅增长2.8%，在近40年来仅高于1980年水平（1.4%），农业产出增长形势不容乐观。

图4-4为2003年以来全国农业增加值产业结构变化情况，可以看出，养殖业产值占农业总产值比重经历了小幅上升后快速下降的过程，2003—2008年上升了1.9个百分点，达到39.0%，但此后快速下降，2018年下降至32.0%，与发达国家40%（美国等）、60%（日本、德国等）的水平存在明显差距；农林牧渔服务业产值占农业总产值比重经历了缓慢上升的过程，15年间提高了1.7个百分点，达到4.2%，但与中国农业现代化基本实现和全面实现的目标值（分别为

4.8%、8.0%）仍存在一定差距①，以上数据表明了农业产业结构仍有待进一步调整优化，以提高农业多元化发展和社会化服务水平。

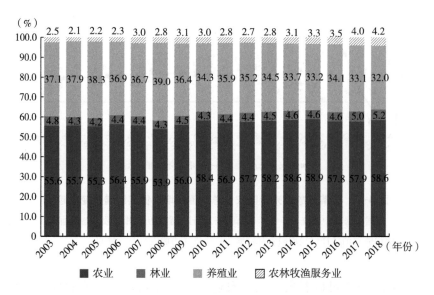

图 4-4 2003 年以来全国农业增加值产业结构变化情况

注：数据来源于《中国农村统计年鉴》。从 2003 年起，按照新的国民经济行业分类标准，农林牧渔服务业增加值开始被纳入农林牧渔业增加值即农业增加值。《中国农村统计年鉴（2020）》未公布 2019 年农业增加值及其分项数据，因此相关数据仅更新至 2018 年，下文不再单独说明。

（二）农业劳动生产率增长和机械化发展情况

表 4-7 反映了农业劳动生产率的增长变化情况，可以看出农业劳动生产率是在逐年提高的，而且增长速度很快。

表 4-7   2003—2018 年全国农业劳动生产率变化情况

年份	第一产业就业人数（万人）	当年价格		可比价格（以 2004 年为基期）		
		农业增加值（亿元）	农业劳动生产率（元/人）	农业增加值（亿元）	农业劳动生产率（元/人）	增长速度（%）
2003	36204	17380.6	4801	17381	4801	

① 中国目标值和国外相关数据来自中国农业科学院《全国农业现代化监测评价指标体系方案》；下同。

续表

年份	第一产业就业人数（万人）	当年价格		可比价格（以2004年为基期）		
		农业增加值（亿元）	农业劳动生产率（元/人）	农业增加值（亿元）	农业劳动生产率（元/人）	增长速度（%）
2004	34830	21411	6147	18476	5305	10.49
2005	33442	22416	6703	19436	5812	9.57
2006	31941	24036	7525	20408	6389	9.93
2007	30731	28484	9269	21163	6887	7.78
2008	29923	33428	11171	22327	7462	8.35
2009	28890	34660	11997	23265	8053	7.93
2010	27931	39619	14185	24265	8688	7.88
2011	26594	46123	17343	25309	9517	9.54
2012	25773	50581	19626	26448	10262	7.83
2013	24171	54692	22627	27506	11380	10.89
2014	22790	57472	25218	28661	12576	10.51
2015	21919	59853	27306	29807	13599	8.13
2016	21496	62451	29052	30850	14352	5.54
2017	20944	64660	30873	32115	15334	6.84
2018	20258	67540	33340	33271	16424	7.11

注：第一产业就业人数数据来源于《中国人口和就业统计年鉴》，农业增加值数据来源于《中国农村统计年鉴》，可比价格根据农业增加值指数进行换算。

以当年价格计算，2003—2018年农业劳动生产率由4801元/人提升至33340元/人，增长了近6倍之多，年均增速达到13.79%，但与发达国家（美国和日本1980年农业劳动生产率分别为11358美元/人、12167美元/人，约合人民币78257元、83830元）相比，中国的农业劳动生产率水平仍有较大差距，而且与中国农业现代化基本实现和全面实现的目标值（分别为5万元/人、6.5万元/人）也存在一定差距。以可比价格计算可以更好地反映农业劳动生产率的实际变化情况，从表中可以看出，农业劳动生产率年均增速在样本期前10年即2004—2013年达到了9%以上，后5年即2014—2018年降至7.6%，15年间实际增长了2.4倍，年均增速8.55%，各年增速在5.5%—

10.9%,总体上处于较快增长趋势。

农业劳动生产率能够持续提升,主要得益于第一产业从业人数的持续下降、农业科技的不断进步、农业机械化作业水平的快速提升等,其中农业机械化作业水平的提升是非常明显的,具体情况如表4-8所示。

表4-8　　2003—2018 年全国农业机械化作业和农机购置投入情况

年份	农作物耕种收综合机械化率(%)	农业机械购置投入情况(亿元)			中央财政占总投入比重(%)
		农业机械购置总投入	地方财政补贴	中央财政补贴	
2003	32.46	—	—	—	—
2004	34.32	249.18	5.59	0.78	0.31
2005	35.93	292.62	9.85	3.12	1.07
2006	39.29	319.51	10.96	6.57	2.06
2007	42.47	350.60	13.45	20.16	5.75
2008	45.85	409.26	17.21	44.96	10.99
2009	49.13	609.74	19.52	129.24	21.20
2010	52.28	706.21	26.46	160.60	22.74
2011	54.82	744.71	26.51	175.43	23.56
2012	57.17	856.96	29.42	214.82	25.07
2013	59.48	887.02	28.27	217.31	24.50
2014	61.60	868.63	—	237.55	27.35
2015	63.82	834.82	—	237.55	28.45
2016	65.19	819.94	—	237.55	28.97
2017	66.19	702.42	—	186.00	26.48
2018	69.11	—	—	174.00	—

注:数据根据《中国农业机械工业年鉴》相关数据整理而得,2018 年数据来自财政部、农业农村部官方网站。自 2014 年起,不再公布地方财政在农业机械购置方面的投入情况。

从农业机械化作业水平来看,2018 年中国农作物耕种收综合机械化率达到 69.11%,虽然与美国(100%)、日本(90%以上)仍存在明显差距，但与中国基本实现农业现代化的目标值（75%）已经比较接近，更为重要的是，这是在 2003 年该数据仅为 32.46% 的基础上取得的，15 年间中国机械化作业水平得到快速提升，每年基本保持 2 个百分点以上的提升幅度，一个重要原因是中国自 2004 年开始实施的农业机械购置补贴政策。

从农机购置投入情况来看，农业机械购置总投入在 2004 年为 249.18 亿元，其中中央财政投入仅占 0.31%，各级财政补贴金额合计也不足 7 亿元，但之后投入力度持续加大，尤其是 2005—2009 年，中央财政投入占总投入比重实现逐年翻番增长，达到 21.20%，绝对规模达到 129.24 亿元，是地方财政投入的 6.6 倍，之后增长速度有所放缓，2017—2018 年有所下降，但中央财政补贴的总量规模和占比仍保持较高水平，可以说农业机械购置补贴政策尤其是中央财政补贴政策极大地推动了中国农业机械化作业水平，进而也推动了农业劳动生产率的提升和农业现代化的发展。

三　农民脱贫增收财政资金的配置情况

（一）财政对农民脱贫的支持

为全面了解财政对农民脱贫的支持情况，首先需要清楚农村贫困人口的认定标准，在不同的标准下，农村贫困人口规模和脱贫情况会产生很大差异。贫困标准主要包括两种调整情况。

第一种调整情况是根据不同时期经济社会发展和生活水平提高而采用更高的贫困标准，以满足基本生活需求，属于不同贫困标准的实质调整。中国农村贫困标准主要经历了 1978 年、2008 年和 2010 年三次的实质调整。改革开放之初，中国农村贫困标准确定为 100 元/（年·人）（1978 年价格水平），其中食物支出占比达到约 85%，在 2000 年以后，这一标准继续沿用至 2007 年，属于农村绝对贫困标准；与此同时，中国于 2000 年开始使用农村低收入标准，即 865 元/（年·人）（2000 年价格水平），其中食物支出占比降至 60%，由于农村低收入标准在 2008 年正式与贫困标准统一并作为扶贫标准，这一标准也被称为"2008 年标准"；2011 年，中国根据经济社会发展水平调整了农村贫困标准，即 2300 元/（年·人）（2010 年价格水平），也是现行农村贫困标准，与此前不同的是，此次贫困标准是结合"两不愁、三保障"（不愁吃、不愁穿，保障其义务教育、基本医疗和住房）进行综合测定的，以确保贫困对象能够基本稳定实现温饱。

第二种调整情况是用不同年度的物价水平对农村贫困标准进行调整，以保持生活水平不变，属于同一贫困标准的可比调整。如2010年2300元/（人·年）和2014年的2800元/（人·年），虽然数值不同，但年度间是可比的，也都代表同一生活水平，三种不同贫困标准的各年度可比数据如表4-9所示。

表4-9   改革开放40年来全国农村贫困标准和贫困状况

年份	不同的贫困标准［元/（人·年）］			现行农村贫困标准下	
	1978年标准	2008年标准	2010年标准	贫困人口规模（万人）	贫困发生率（%）
1978	100		366	77039	97.5
1980	130		403	76542	96.2
1985	206		482	66101	78.3
1990	300		807	65849	73.5
1995	530		1511	55463	60.5
2000	625	865	1528	46224	49.8
2005	683	944	1742	28662	30.2
2008		1196	2172	—	—
2010		1274	2300	16567	17.2
2011			2536	12238	12.7
2012			2625	9899	10.2
2013			2736	8249	8.5
2014			2800	7017	7.2
2015			2855	5575	5.7
2016			2952	4335	4.5
2017			2952	3046	3.1
2018			2995	1660	1.7
2019			3218	551	0.6

注：数据来源于《中国农村贫困监测报告》（2018—2019）和国家统计局网站。

得益于改革开放带来的经济增长以及实施的扶贫开发政策，中国已经基本消除了"1978 年标准"和"2008 年标准"下的农村贫困人口，但是不同标准下的贫困人口数据不具有可比性，为了考察农村减贫事业取得的历史成就，需要换算为同一标准。表 4-9 显示了以现行农村贫困标准衡量的农村贫困状况，农村贫困人口规模由 1978 年的 7.7 亿人减少到 2010 年的 1.7 亿人，农村贫困发生率相应由 97.5%下降到 17.2%，随着第二个 10 年农村扶贫开发纲要和脱贫攻坚战的实施，农村贫困状况得到进一步改善，至 2019 年，农村贫困人口减少至 551 万人，农村贫困发生率则降至 0.6%，中国农村减贫事业取得了巨大成就，这与扶贫开发类财政涉农资金的高速增长密不可分。

按照脱贫攻坚工作计划，中国农村绝对贫困问题有望在 2020 年得到历史性解决，但需要指出的是，中国现行的农村贫困标准仅略高于世界银行 2015 年发布的每人每天 1.9 美元（2011 年 PPP）国际极端贫困标准，与中等偏低收入贫困线和中等偏高贫困线〔每人每天 3.2 美元、5.5 美元（2011 年 PPP）〕仍存在较大差距，未来中国农村减贫工作需要更加重视相对贫困问题。

（二）财政对农民增收的支持

将分别从农民收入增长、收入结构变化和收入差距等方面深入考察财政涉农资金对农民增收的支持情况。

1. 农民收入增长情况

从表 4-10 可以看出，近年来农村居民人均可支配收入实际增幅处于下降趋势，由 2013 年的 9.3%逐年下降至 2019 年的 6.2%，农民增收形势不容乐观。

表 4-10　　　　城乡居民人均可支配收入变化情况

年份	收入水平（元）		实际增幅（%）	
	农村居民	城镇居民	农村居民	城镇居民
2013	9430	26467	9.3	7.0
2014	10489	28844	9.2	6.8

续表

年份	收入水平（元）		实际增幅（%）	
	农村居民	城镇居民	农村居民	城镇居民
2015	11422	31195	7.5	6.6
2016	12363	33616	6.2	5.6
2017	13432	36396	7.3	6.5
2018	14617	39251	6.6	5.6
2019	16021	42359	6.2	5.0
1981—1990	—	—	8.4	4.5
1991—2000	—	—	4.6	6.8
2001—2010	—	—	7.5	9.5
2011—2019	—	—	8.3	6.8

注：数据来源于《中国住户调查主要数据（2020）》，其中1981—2012年数据根据历史数据按照新口径推算获得，收入水平按当年价格计算，实际增幅按可比价格计算；下同。

但通过与城镇居民的横向对比发现，这一时期农村居民收入实际增幅均高于城镇居民，若从改革开放以来更大的时间跨度看，城乡居民收入增幅差异在不同时期是明显有别的。20世纪80年代，农村居民收入年均增幅达到8.4%，高于城镇居民3.9个百分点，这主要得益于这一时期农村土地承包经营等制度改革的全面付诸实施，推动农业发展，进而带动农民收入快速增长。但此后20年农民增收放缓，年均增幅落后于城镇居民2个百分点以上，究其原因主要是这一时期中国实施的城市化倾向政策，农业发展所需的基础设施和农民生活所需的公共服务严重不足，农村发展落后，难以形成支撑农民持续稳定增收的乡村产业。

在2010年以来实施的农村扶贫开发、农业供给侧结构性改革、城乡基本公共服务均等化政策等一系列改革举措的推动下，农民增收的严峻形势得到了一定程度的改善。从2010年开始，农村居民人均可支配收入实际增幅连续10年高于城镇居民，但优势在收窄，由图4-5可以更为直观地看出，城乡收入增幅差距由2010年的3.7个百分点收窄至2019年的1.2个百分点。

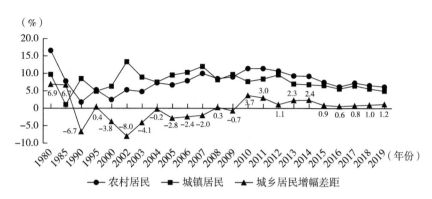

图 4-5　1980—2019 年中国城乡居民收入增长变化及其比较情况

2. 农民收入结构变化情况

图 4-6 显示了 2013—2019 年农民人均可支配收入结构变化情况，可以看出：财产净收入变化最小，贡献也是最小的，可能的原因是农村产权制度和农村金融市场不健全等；工资性收入在 2015 年超越经营性收入成为第一大组成收入，6 年间比重提高了 2.4 个百分点，达

图 4-6　2013—2019 年中国农民人均可支配收入结构变化情况

到41.1%，主要得益于农村第二、第三产业和乡镇企业发展带来的就业收入提高；转移净收入提升幅度最大，6年间比重提高了3.1个百分点，达到20.6%，主要得益于农村扶贫等各项财政补贴政策；经营净收入降幅最大，6年间比重下降了5.7个百分点，降至36%，可能的原因是农业发展质量不高、农村土地改革滞后等。

3. 农民收入差距情况

衡量收入差距的常用指标是基尼系数，但是中国只公开了全国居民人均可支配收入的基尼系数，未单独公开城镇居民和农村居民的基尼系数，所以分别按五等份分组形式统计了不同分组的城乡居民收入情况，利用分组数据考察农民收入差距情况。

第一，考察不同分组下的农民人均可支配收入及其增长情况。从表4-11可以看出，低收入组农民人均可支配收入在2013年只有2878元，仅高于当年农村贫困线（2736元）142元，2014年收入进一步下降，直接落后当年农村贫困线（2800元）32元，之后虽未再出现低于贫困线的情况，但到2019年仅达到4263元，收入水平依然非常低。从增长趋势来看，分组表现差异较大，低收入组表现也是最差的，年均增速最低，仅有6.77%，落后高收入组2.38个百分点，而且各年度增长波动较大，在2014年和2016年均出现了负增长的情况，但从2017年以来收入增速较快，2019年达到16.28%；中低收入组和中等收入组收入增速自2015年连续4年持续下滑，至2018年分别仅有1.90%、4.61%，但在2019年这一趋势得到了改变，增速均超过10%，这三个分组农民收入占到农村人口的60%，其收入增长情况对于农民收入差距的整体改善十分重要。

表4-11　近年来全国按五等份分组的农民人均可支配收入情况

指标	年份	低收入组	中低收入组	中等收入组	中高收入组	高收入组
收入水平（元）	2013	2878	5966	8438	11816	21324
	2014	2768	6604	9504	13449	23947
	2015	3086	7221	10311	14537	26014
	2016	3006	7828	11159	15727	28448

续表

指标	年份	低收入组	中低收入组	中等收入组	中高收入组	高收入组
收入水平（元）	2017	3302	8349	11978	16944	31299
	2018	3666	8508	12530	18051	34043
	2019	4263	9754	13984	19732	36049
名义增长（%）	2013	—	—	—	—	—
	2014	-3.82	10.71	12.63	13.82	12.30
	2015	11.47	9.33	8.49	8.09	8.63
	2016	-2.58	8.41	8.23	8.18	9.36
	2017	9.85	6.66	7.34	7.74	10.02
	2018	11.02	1.90	4.61	6.53	8.77
	2019	16.28	14.65	11.60	9.31	5.89
	年均值	6.77	8.54	8.78	8.92	9.15

注：数据来源于《中国住户调查主要数据（2019—2020）》。

第二，考察农民收入分配内部差距情况。从图 4-7 可以看出，以高收入组和低收入组人均可支配收入比值衡量的农村居民收入差距，即农村内部收入差距，在 2013 年达到 7.41，随后逐年扩大至 9.48 的最高点，2018 年以后有所下降，但仍达到 8.46，表明农村内部分配差距问题仍然十分突出；与城镇内部的横向对比发现，农村内部

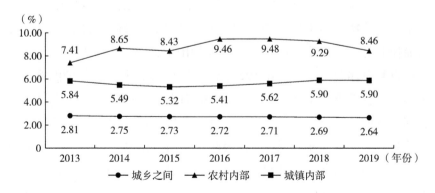

图 4-7　2013—2019 年中国城乡居民收入分配差距情况

注：数据来源于《中国住户调查主要数据》（2019—2020）。

收入差距明显高于城镇内部，农村内部收入差距较城镇更为严重；从城乡居民人均可支配收入比值来看，城乡之间的收入差距逐年下降，但下降幅度有限，6 年间仅下降 0.17，2019 年仍达到 2.64，表明城乡居民收入分配差距问题依然不容忽视。

<h2 style="text-align:center">第三节　财政涉农资金整合的政策
规定与典型案例</h2>

　　本节首先考察贫困县在扶贫资金投入、农村减贫、农民收入等方面的整体情况，其次阐述财政涉农资金整合政策的具体内容，最后以两个不同类型的贫困县为案例，对财政涉农资金整合的总体规模、来源渠道、使用方向和项目类别等方面的具体情况进行深入分析。

一　贫困县发展概况

　　中国贫困县按照确定的政府层级可分为国家贫困县和省级贫困县，但国家贫困县于 2011 年进行了较大范围的调整，其种类有所增加。国家贫困县在 1986 年首次设立，后在 2001 年改称为国家扶贫开发工作重点县，为简便起见，本书统一称其为"国家扶贫重点县"，但在 2011 年，同时增加了 11 个集中连片特殊困难地区，加上已经实施特殊扶持政策的西藏、四省藏区、新疆南疆三地州，进入以上 14 个集中连片特殊困难地区的县同样属于中央政府确定的国家贫困县，为简便起见，本书统一称其为"连片特困地区县"。2011 年，国家扶贫重点县总体数量仍保持在 592 个，连片特困地区县共有 680 个（其中国家扶贫重点县 440 个），两类国家贫困县合计 832 个[①]。在以上两类国家贫困县之外，各省份还自行确定了省扶贫开发工作重点县（以下简称"省级扶贫重点县"），因此，中国贫困县可以分为连片特困地区县、国家扶贫重点县和省级扶贫重点县三种类型。由于省级扶贫

---

　　① 相关数据来源于《国家扶贫开发工作重点县和连片特困地区县的认定》，2013 年 3 月 1 日，中华人民共和国中央人民政府网，https://www.gov.cn/gzdt/2013-03/01/content_2343058.htm。

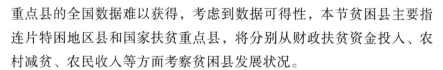

重点县的全国数据难以获得，考虑到数据可得性，本节贫困县主要指连片特困地区县和国家扶贫重点县，将分别从财政扶贫资金投入、农村减贫、农民收入等方面考察贫困县发展状况。

（一）贫困县财政扶贫资金投入情况

表4-12显示了2014—2017年全国贫困县扶贫资金规模变化情况。从总量规模来看，全国贫困县财政扶贫资金总量规模自2014年逐年扩大，至2017年扩大了2.1倍，达到4420亿元，占贫困县财政支出的比重攀升至19.54%，提高了10.75个百分点。

表4-12　2014—2017年全国贫困县财政扶贫资金规模变化情况

年份	总量规模（亿元、%）			增长速度（%）		
	扶贫资金	财政支出	占比	扶贫资金	财政支出	财政收入
2014	1421	16172	8.79	—	10.68	12.09
2015	1903	18811	10.11	33.89	16.32	6.36
2016	2959	20529	14.41	55.50	21.9	9.44
2017	4420	22616	19.54	49.38	17.79	4.77

注：数据根据《中国农村贫困监测报告》相关数据整理而得，因《中国农村贫困监测报告》未进行统计发布2014年以前和2018年的贫困县扶贫资金数据，故表中未能报告；下同。

从增长速度来看，全国贫困县财政扶贫资金2015—2017年增速均远超其财政支出和财政收入同期水平，3年间年均增速达45.97%，远高于其财政支出（11.83%）和财政收入（6.84%）增长水平。

表4-13进一步显示了2014—2017年全国贫困县扶贫资金来源情况。从资金规模来看，中央和省级财政投入绝对规模逐年扩大，至2017年分别达到2054亿元、332亿元，3年间分别增加了1.4倍、1.7倍。从资金结构来看，中央财政是贫困县扶贫资金最主要的资金来源，2014—2015年占比高达六成以上，虽然此后有所下降，但仍达46.47%；省级财政占比相对较小，保持在7.5%—9%；国际扶贫资金贡献最小，不到0.5个百分点；其他资金是另外一个重要的资金来

源，2016—2017 年有较大增长，占比攀升至 45.86%，可能的解释是，脱贫攻坚进程加快，扶贫资金需求较大，地方不得不寻求中央和省级财政之外的扶贫资金渠道，但这也同时加大了贫困县县级财政的支出压力。

表 4-13   2014—2017 年全国贫困县财政扶贫资金来源情况

扶贫资金来源		2014 年	2015 年	2016 年	2017 年
扶贫资金总额（亿元）	中央财政投入	863	1178	1670	2054
	省级财政投入	125	171	260	332
	国际扶贫资金	4	2	3	7
	其他资金	430	552	1025	2027
	合计	1422	1903	2958	4420
扶贫资金结构（%）	中央财政投入	60.71	61.89	56.45	46.47
	省级财政投入	8.81	9.00	8.78	7.51
	国际扶贫资金	0.25	0.11	0.11	0.16
	其他资金	30.23	29.00	34.66	45.86
	合计	100.00	100.00	100.00	100.00

注：数据根据《中国农村贫困监测报告》相关数据整理而得。

（二）贫困县农村减贫情况

表 4-14 为 2012—2018 年全国贫困县农村贫困人口规模变化情况，从贫困人口规模情况来看，全国贫困县农村贫困人口从 2012 年的 6039 万人逐年下降至 2018 年的 1115 万人，6 年间减少了近 5000 万人，其中连片特困地区县减少了 4000 万人以上；从贫困人口分布来看，全国农村贫困人员有六成以上分布在贫困县，其中五成以上分布在连片特困地区县，2018 年这一比例最高，贫困县占比达到 67.17%，连片特困地区县达到 56.33%，表明该年贫困县尤其是连片特困地区县仍面临较大的脱贫压力，是全国脱贫攻坚的主战场。

表4-14 2012—2018 年全国贫困县农村贫困人口规模变化情况

年份	贫困人口规模（万人）			全国贫困人口分布（%）	
	全国	贫困县	连片特困地区县	贫困县占比	连片特困地区县占比
2012	9899	6039	5067	61.01	51.19
2013	8249	5070	4141	61.46	50.20
2014	7017	4317	3518	61.52	50.14
2015	5575	3490	2875	62.60	51.57
2016	4335	2654	2182	61.22	50.33
2017	3046	1900	1540	62.38	50.56
2018	1660	1115	935	67.17	56.33

注：数据根据《中国农村贫困监测报告》相关数据整理而得。

图4-8 为 2012—2018 年全国与贫困县贫困发生率变化比较，可以看出，贫困县和连片特困地区县贫困发生率下降趋势基本一致，在6 年间下降了近 20 个百分点，分别降至 4.5%、4.2%，贫困县农村减贫取得显著成效；与全国相比，贫困县贫困发生率下降速度更快，6 年间较全国多下降 11.4 个百分点，二者差距也相应地由 14.2 个百分点缩小至 2.8 个百分点，贫困县与全国的农村贫困程度差距得到了很大改善。

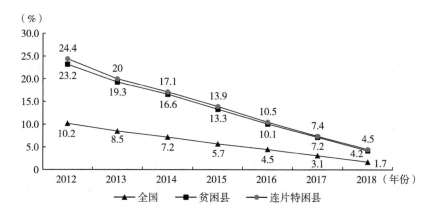

图4-8 2012—2018 年全国与贫困县贫困发生率变化比较

（三）贫困县农民收入情况

表4-15为2013—2018年贫困县农民收入及其与全国平均水平的比较。

表4-15 2013—2018年贫困县农民收入及其与全国平均水平的比较

年份	收入水平（元）		贫困县与全国的比较（%）	实际增速（%）	
	贫困县	全国		贫困县	全国
2013	6079	9430	64.5	13.4	9.3
2014	6852	10489	65.3	10.7	9.2
2015	7653	11422	67.0	10.3	7.5
2016	8452	12363	68.4	8.4	6.2
2017	9377	13432	69.8	9.1	7.3
2018	10371	14617	71.0	8.3	6.6

注：数据根据《中国农村贫困监测报告》相关数据整理而得。

从表4-15中可以看出，贫困县农民人均可支配收入从2013年以来保持逐年增长的态势，由2013年的6079元增长至2018年的10371元，但实际增速不断下滑，增速由13.4%下降至8.3%，相应地下降了5.1个百分点，增收势头有所减弱；与全国相比，贫困县农民收入一直保持着更高的实际增速，其与全国农民收入水平的比值也相应地由2013年的64.5%提升至2018年的71.0%，从而缩小了与全国农民收入水平的差距。

图4-9为2014—2018年贫困县农民收入构成情况。与全国相同的是，贫困县农民收入占比最小的也是财产净收入，且年度间波动较小；与全国不同的是，贫困县农民工资性收入贡献率一直未超越经营净收入，4年间虽得到不断提升，至2018年达到35%，但落后全国水平（41.1%）6.1个百分点，贫困县农村就业岗位和就业收入相对不足；经营净收入贡献率虽然仍保持首位，但四年间下降了6.8个百分点，其与工资性收入合计达到72.5%，较2014年下降了4.5个百分点，与此同时，转移净收入贡献率持续攀升，4年间提升了4.3

个百分点，达到 26.2%，高于全国水平（20.6%）5.6 个百分点，表明贫困县农民收入对于转移净收入依赖程度更大，但未来提升空间有限，贫困县农民持续增收需要加大乡村产业扶持力度，扭转经营净收入和工资性收入贡献率的下滑趋势。

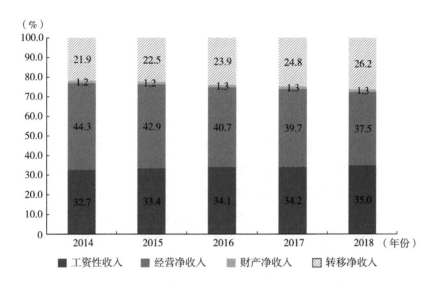

图 4-9　2014—2018 年贫困县农民收入构成情况

进一步考察贫困县不同分组下的农民人均可支配收入及其增长情况（见表 4-16）。

表 4-16　2014—2018 年贫困县按五等份分组的农民人均可支配收入情况

指标	年份	低收入组	中低收入组	中等收入组	中高收入组	高收入组
收入水平（元）	2014	2013	4386	6023	8082	13753
	2015	2273	4853	6687	9000	15450
	2016	2391	5329	7335	9908	17295
	2017	2665	5816	8054	10935	19411
	2018	2531	6345	8759	11942	22272

指标	年份	低收入组	中低收入组	中等收入组	中高收入组	高收入组
增长变化（%）	2014	—	—		—	—
	2015	12.92	10.65	11.02	11.36	12.34
	2016	5.19	9.81	9.69	10.09	11.94
	2017	11.46	9.14	9.80	10.37	12.23
	2018	-5.03	9.10	8.75	9.21	14.74
	年均值	5.89	9.67	9.81	10.25	12.81

注：数据根据《中国农村贫困监测报告》相关数据整理而得。

从收入水平来看，低收入组农民人均可支配收入在 2014 年只有 2013 元，落后当年农村贫困线（2800 元）787 元，此后 4 年一直未能达到当年贫困线，收入水平依然非常低。

从增长趋势来看，分组表现差异较大，低收入组表现也是最差的，年均增速最低，仅有 5.89%，落后高收入组 6.92 个百分点，而且各年度增长波动较大，在 2018 年出现了负增长的情况；中低收入和中等收入组收入增速则处于缓慢下滑的趋势，与高收入组的增速差距持续拉大，以上三个分组农民的收入增长表现不利于贫困县农民收入差距的整体改善。

图 4-10 为全国与贫困县农民收入分配差距变化情况，其农村内部收入差距在 2014 年达到 6.83，随后逐年扩大至 8.80 的高点，表明农村内部收入分配差距问题十分突出且在持续恶化；通过与全国的对比发现，贫困县农村内部收入差距一直低于全国水平，但二者差距也一直在缩小，2014 年贫困县农民内部收入差距低于全国水平 1.82，但 2018 年这一数据仅为 0.49，表明贫困县农村内部收入差距恶化程度快于全国水平，需要引起高度警惕。

综上所述，贫困县经济基础薄弱，尤其是 2014 年以来财政收入增幅出现断崖式下降，但农业发展和农民脱贫增收又需要政府加大财政支持力度，其依靠财权实现的地方自有财力难以满足承担事权的支出需求，中央倾向依靠规模庞大的转移支付收入解决权贫困县支出缺口问题。然而，转移支付项目审批权限一般由中央各部委掌握，并且

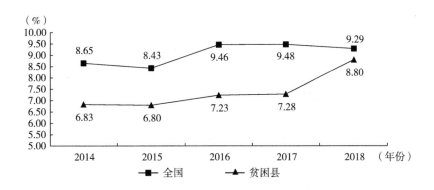

图 4-10　全国与贫困县农民收入差距变化情况

多数项目为提前指定资金用途的专项转移支付，但由于信息不对称和多头管理，地方政府需要花相当大的精力用于争取可能并不符合当地实际所需的上级涉农转移支付项目。同时，贫困县等县级政府在涉农项目的预算额度往往优先用于兑现上级涉农转移支付项目要求的配套资金，本级财力安排的其他涉农项目也较多依赖传统的"基数+增长"的渐进预算模式，以求在有限财力的情况下平衡各部门利益，同时由于上级转移支付下达较晚，地方政府预算统筹能力不足，财政涉农资金投入碎片化、同质化、短期化问题十分突出，很难产生促进农业发展和农民增收的实际效果。为有效破解上述现实困境，必须改变此前仅依靠某一地域或基层政府的自主探索和小范围整合，探索在中央层面从源头上进行跨区域、跨领域的涉农资金整合与供给机制优化。在国务院的强力推动下，一场由中央发起、地方多级政府多部门协同参与的支持贫困县开展统筹整合使用财政涉农资金的重大改革试点在中西部 22 个省份同时启动。

二　财政涉农资金整合的政策规定

（一）财政涉农资金整合的核心内容

财政涉农资金整合的核心内容是涉农资金配置主体和配置方式的变化，可概括为两个方面：一方面按照上级充分授权、县级自主实施等原则对涉农领域纵向政府间的权责关系进行了重新匹配，另一方面按照党委主导和全面公开公示讲求实效的原则对涉农领域横向部门间职责分工和预算管理职权进行了统筹整合。

在政府间权责关系的匹配方面，财政涉农资金整合明确上级应当充分授权，主要是将纳入统筹整合范围的上级财政涉农资金项目的审批权限全部下放到贫困县，资金一律采取"切块下达"的方式，不得指定项目或限定资金在贫困县的具体用途；同时明确县级的实施主体地位，主要是试点县被赋予统筹整合使用财政涉农资金的自主权，自主确定和实施符合当地发展需要的涉农项目，也相应地承担资金安全、规范、有效使用的具体责任。

在部门间职责分工和预算管理职权的统筹整合方面，财政涉农资金整合工作必须在各级扶贫开发领导小组的统一领导下进行，并且要与脱贫实际效果挂钩，全面推行公开公示制度。以安徽省为例，安徽省委办公厅和省政府办公厅于2015年底联合出台了《安徽省扶贫开发领导小组工作规则》①，明确省委书记、省长任组长，改变了此前分管副省长任组长的局面；在此后安徽省政府办公厅出台的《关于支持贫困县统筹整合使用财政涉农资金的实施意见》② 中，明确了贫困县要依据脱贫攻坚规划，制定财政涉农资金统筹整合使用的具体办法、实施方案、任务清单、整合清单和绩效清单（以下简称"一办法、一方案、三清单"），其中扶贫部门负责编制脱贫攻坚规划、年度实施方案、任务清单、绩效清单，财政部门负责制定资金整合清单，上述"一办法、一方案、三清单"必须经县级党委主导的扶贫开发领导小组审议和县委常委会审定，且必须及时向社会公开公示，接受社会监督。可以看出，试点县涉农部门间的预算职权已经统一到党委政府领导下的扶贫部门和财政部门，并且从制度上对财政涉农领域的资金使用、项目实施和绩效考评进行了规范和约束。

（二）财政涉农资金整合的区域范围

虽然财政涉农资金整合的区域范围即限定在贫困县，但是此次中央和地方部署整合试点工作时，试点的区域范围也发生了一定的变

---

① 安徽省农业农村厅网站，https：//nync.ah.gov.cn/public/7021/57256801.html。
② 安徽省人民政府网站，https：//www.ah.gov.cn/public/1681/7944221.html。

化，进一步解释是十分必要的。《国务院办公厅关于支持贫困县开展统筹整合使用财政涉农资金试点的意见》（国办发〔2016〕22号）要求试点范围限定在连片特困地区县和国家扶贫重点县，各省份可在此基础上将省级扶贫重点县纳入试点范围，二者的差距主要在于整合资金范围，对于各省份自行确定的省级扶贫重点县可以利用地方各级涉农资金开展整合工作，但不能整合使用中央涉农资金①，弄清这一差异对于本书第五章实证结论的深入分析是有帮助的。

（三）财政涉农资金整合的资金目录

在中央政府层面，财政涉农资金整合对资金目录有着明确的限定，纳入整合范围的中央财政涉农资金严格限制在财政专项扶贫资金、农田水利设施建设、水土保持补助资金、农村综合改革转移支付等20大项资金目录（见表4-17）。地方政府层面对此也有明确的界定，以中部地区的安徽省和河南省为例，其分别明确了20大项、13大项省级项目资金，各地级市同样也明确了纳入整合范围的资金目录，只是由于此前涉农专项资金设置差异，不同省域或不同市域内的贫困县在具体纳入整合试点的财政涉农资金范围和具体目录上会有所不同，但在基本原则、工作措施等核心内容上都与《国务院办公厅关于支持贫困县开展统筹整合使用财政涉农资金试点的意见》（国办发〔2016〕22号）的相关要求是一致的。通过表4-17可以看出，此次纳入整合范围的中央财政涉农资金有以下几个特点。

表4-17　　　　纳入财政涉农资金整合政策范围的资金目录

序号	资金类别	资金名称（大项）	涉及部门	文件
1	农业生产发展	产粮大县奖励资金	财政部、农业部	财建〔2016〕866号
2	农业生产发展	生猪（牛羊）调出大县奖励资金（省级统筹部分）	财政部、农业部	财建〔2015〕778号

---

① 政策依据参见财政部、国务院扶贫办印发的《关于做好2017年贫困县涉农资金整合试点工作的通知》，2017年2月6日财政部网站，http://nys.mof.gov.cn/czpjZhengCeFa-Bu_2_2/201702/t20170215_2535388.htm。

续表

序号	资金类别	资金名称（大项）	涉及部门	文件
3	农业生产发展	现代农业生产发展资金	财政部、农业部	财农〔2013〕1号
4	农业生产发展	农业技术推广与服务补助资金	财政部、农业部、科技部	财农〔2014〕31号
5	农业生产发展	新增建设用地土地有偿使用费安排的高标准基本农田建设补助资金	财政部、国土资源部	财建〔2012〕151号
6	农业综合发展	农村综合改革转移支付	财政部	财农〔2016〕177号
7	农业综合发展	农业综合开发补助资金	财政部	财政部令第29号、第60号
8	农业综合发展	农业资源及生态保护补助资金（对农民的直接补贴除外）	财政部、农业部	财农〔2014〕32号
9	农业综合发展	旅游发展基金	财政部、国家旅游局	财行〔2009〕47号
10	林业发展	林业补助资金	财政部、国家林业局	财农〔2014〕9号
11	水利发展	农田水利设施建设和水土保持补助资金	财政部、水利部	财农〔2015〕226号
12	水利发展	江河湖库水系综合整治资金	财政部、水利部	财农〔2016〕11号
13	水利发展	全国山洪灾害防治经费	财政部、水利部	财农〔2014〕1号
14	农村扶贫开发	财政专项扶贫资金	财政部、国务院扶贫办、国家发展改革委、国家民委、农业部、国家林业局	财农〔2011〕412号
15	农村扶贫开发	中央专项彩票公益金支持扶贫资金	财政部、国务院扶贫办	财农〔2011〕152号
16	农村社会发展	农村环境连片整治示范资金	财政部、环保部	财建〔2015〕919号
17	农村社会发展	车辆购置税收入补助地方用于一般公路建设项目资金（支持农村公路部分）	财政部、交通部、商务部	财建〔2014〕654号

续表

序号	资金类别	资金名称（大项）	涉及部门	文件
18	农村社会发展	农村危房改造补助资金	财政部、住建部	财社〔2011〕88号
19	农村社会发展	服务业发展专项资金（支持新农村现代流通服务网络工程部分）	财政部、商务部、供销总社	财建〔2015〕256号
20	农村社会发展等	中央预算内投资用于"三农"建设部分（不包括重大引调水工程等八方面的支出）	国家发展改革委、财政部、有关行业主管部门	国家发展改革委令第7号等

注：根据《国务院办公厅关于支持贫困县开展统筹整合使用财政涉农资金试点的意见》（国办发〔2016〕22号）和财政部网站中央对地方转移支付管理平台公开数据整理。

　　第一，涉及资金范围广、涉及部门多。在资金范围方面，纳入整合试点的中央层面涵盖了与"三农"相关的多数专项资金。在项目类别上，涉及农业生产发展、农业综合发展、林业发展、水利发展、农村扶贫开发、农村社会发展财政涉农资金的全部六大类，大多数为专项转移支付资金，但也包含财政专项扶贫资金、农业综合开发补助资金、产粮大县奖励资金和生猪（牛羊）调出大县奖励资金四大项一般性转移支付资金，同时资金来源不局限于一般公共预算渠道，还涉及旅游发展资金、彩票公益金等政府性基金预算渠道的专项资金。在涉及部门方面，若从发文机构来看，纳入整合范围的财政涉农资金涉及部门多达15个，具体为财政部、国务院扶贫办、国家发展改革委、国家民委、农业部、国家林业局、水利部、科技部、国土资源部、环保部、交通部、商务部、供销总社、国家旅游局及有关行业主管部门。

　　第二，打破了现有资金管理制度，绝大多数资金原先具有指定用途。中央专项资金一般实行"一个专项一个办法"，从表4-17可以看出，除产粮大县奖励资金和生猪（牛羊）调出大县奖励资金，其余18大项涉农资金（包括一般性转移支付中的专项扶贫资金和农业综合开发补助资金）均有限定的支出功能科目，进一步来看，每一大项涉农专项资金均对应一个管理办法，对每个专项资金都有明确的支持方向，对于使用范围、支持方式、项目选择、检查验收、绩效考评等方面，也都有明确的要求，中央有关部委依据专项资金管理办法加大监督检查力度，因而此前仅靠地方难以实现财政涉农资金的完全整合和统筹使用，此次财政涉农资金整合试点首次以国务院办公厅的名义发文，其法律效力高于中央部委的规范性文件，保障了地方对财政涉农资金进行实质性整合和统筹使用。

第三，明确了对农民的直接补贴不纳入整合范围。不仅农业支持保护补贴资金和农机购置补贴资金（农业"四项补贴"）等涉农大项资金不在此次整合范围内，农业资源及生态保护补助资金中涉及对农民的直接补贴的部分也明确予以剔除。因此，财政涉农资金整合主要聚焦农业生产发展和农村基础设施建设等方面的专项资金，并未改变现有对农民的直接补贴政策。

需要说明的是，表4-17中资金目录对应的规范文件均是在《国务院办公厅关于支持贫困县开展统筹整合使用财政涉农资金试点的意见》（国办发〔2016〕22号）出台时即2016年4月12日仍处于施行期的管理办法，此后，因时效问题、归并整合或机构改革等客观需要，财政部对涉农转移支付资金管理办法进行了较大范围的修订，涉农专项资金设置相应地发生了不同程度的变化，但因涉农转移支付资金管理办法均属于财政部或发展改革委等部委规范性文件，法律效力均弱于国务院办公厅规范性文件，即不影响财政涉农资金整合试点政策的实施效力，故后期财政部等部委规范性文件均进行了明确规定。如2017年出台的《农业生产发展资金管理办法》（财农〔2017〕41号）①，通过对现代农业生产发展资金和农业技术推广与服务补助资金的归并整合，设立了农业生产发展资金，但该文件的第三十一条明确规定："农业生产发展资金中用于支持贫困县开展统筹整合使用财政涉农资金试点的部分，按照有关规定执行。"又如按照2018年《国务院机构改革方案》关于将财政部的农业综合开发项目、国土资源部的

---

① 财政部网站，https：//nys. mof. gov. cn/czpjZhengCeFaBu_ 2_ 2/201705/t20170531_ 2611593. htm。

农田整治项目、水利部的农田水利建设项目等管理职责整合至新组建的农业农村部的要求，2019 年出台的《农田建设补助资金管理办法》（财农〔2019〕46 号）①，通过对新增建设用地土地有偿使用费安排的高标准基本农田建设补助资金（2017 年被调整为土地整治工作专项资金）、农业综合开发补助资金和农田水利建设资金用于高效节水灌溉部分的归并整合，设立了农田建设补助资金，但该文件第二十五条同样明确规定："农田建设补助资金纳入贫困县统筹整合使用涉农资金试点范围，按照《国务院办公厅关于支持贫困县开展统筹整合使用财政涉农资金试点的意见》（国办发〔2016〕22 号）等有关政策规定执行。"因此，关于支持贫困县统筹整合使用中央财政涉农资金等相关政策规定在原则上不会受到后期涉农资金归并调整等因素的影响。

三　财政涉农资金整合的典型案例

在阐述财政涉农资金整合的政策内容基础上，选择部分典型的贫困县就财政涉农资金整合的来源渠道和使用去向等情况进行案例分析，有助于进一步深入了解财政涉农资金整合的内部实际情况。贫困县的选择应考虑两点：一是连片特困地区、国家扶贫重点县和省级扶贫重点县的整合资金目录范围不同，需要选择能够反映不同类别的贫困县；二是数据应具有完整性和连续性，以求更为全面地反映财政涉农资金整合的全貌和发展变化。

经过资料收集，选择湖南省的洞口县和安徽省的蒙城县进行财政涉农资金整合的典型案例分析，其中，洞口县既是国家扶贫重点县，也是连片特困地区县；蒙城县是安徽省省级扶贫重点县。下面分别以湖南省洞口县和安徽省蒙城县为例对财政涉农资金整合情况进行分析：首先，分析整合资金的总体规模和来源渠道情况，即整合了多少资金？资金来自哪里？其次，分析整合资金的使用方向和具体项目，即整合资金用在了哪里？最后，分析整合资金的项目选择依据和绩效

---

①　中华人民共和国财政部网站，http：//nys. mof. gov. cn/czpjZhengCeFaBu_2_2/2019 06/t20190619_3280851. htm。

考评情况，即是否编制和建立了项目库？项目资金绩效管理情况如何？

（一）国家扶贫重点县和连片特困地区县整合情况：以湖南省洞口县为例

1. 财政涉农资金整合的总体规模和来源渠道情况

从总体规模来看，洞口县财政涉农资金保持逐年增长的态势，绝对规模 2016—2019 年合计达到 14.36 亿元，除 2016 年，每年均在 4 亿元以上，占一般公共预算支出的比重即相对规模比较稳定，均在 7%以上（见表 4-18）。

表 4-18　　　　　洞口县财政涉农资金整合的来源渠道情况

年份	绝对规模（万元）					相对规模（%）
	总计	中央	省	市	县	
2016	11608	4469	2739	0	4400	2.75
2017	42156	28438	12654	592	472	8.84
2018	42351	26937	13883	220	1311	7.81
2019	47505	37624	9127	260	494	7.29
合计	143620	97468	38403	1072	6677	6.86

注：根据洞口县政府网站 2016—2019 年公开信息整理，为更贴切实际情况，相关数据均为年终调整数据；下同；相对规模指标为财政涉农资金整合总规模占相应年度的一般公共预算支出的比重。为了确保汇总数据与分项加总之和一致，对分项数据进行四舍五入取整处理；下同。

从来源渠道看，洞口县财政涉农资金整合的渠道主要源于中央政府，除 2016 年（当年县级政府的 4400 万元为 2016 年定向发行的用于贫困村基础设施建设的地方债券资金，属于一次性因素，扣除此因素，中央政府资金占比达到 62%），其余年份中央政府资金占整合资金总量的 60%以上，其次是省级政府，中央和省级政府合计贡献了 95%以上的整合资金，这也从侧面说明了洞口县高度依赖上级转移支付资金，上级政府下放整合资金项目审批权后，可以更大程度地发挥县级政府的积极性和自主性。

为进一步考察洞口县财政涉农资金整合的具体专项资金情况，整理了占比较大的部分专项资金（见表4-19）。洞口县属于国家扶贫重点县和连片特困地区县，纳入整合范围的资金目录中的项目资金，中央有20项、省级有19项、市级有1项，因有部分专项资金并不涉及洞口县，同时随着转移支付本身的归并改革，实际纳入整合的资金并没有这么多项。

表4-19　　　洞口县财政涉农资金整合的部分专项资金情况

整合资金名称	绝对规模（万元）					占总整合资金的比重（%）
	总计	2016年	2017年	2018年	2019年	
财政专项扶贫资金	37752	2353	9553	11499	14347	26.29
水利发展资金	19723	1544	4680	5075	8424	13.73
农村危房改造补助资金	13562	—	6290	4148	3124	9.44
中央车辆购置税补助资金（支持农村公路部分）	11940	—	5212	2212	4516	8.31
农业生产发展资金	4783	265	1066	1273	2179	3.33
高标准农田建设补助资金	14160	912	2237	994	3655	9.86
农业综合开发补助资金			3507	2855		
农村综合改革转移支付	7700	—	2873	1873	2954	5.36
合计	109620	5074	35418	29929	39199	76.32

注：因国家机构改革，高标准农田建设补助资金（2017年调整为土地整治工作专项资金）和农业综合开发补助资金等在2019年被整合为农田建设补助资金。

经过整理发现，整合的专项资金主要集中于财政专项扶贫资金、水利发展资金、农村危房改造补助资金、中央车辆购置税补助资金（支持农村公路部分），累计整合资金占总整合资金的比重分别达到26.29%、13.73%、9.44%、8.31%，合计贡献达到57.77%，再考虑到农业生产发展资金、高标准农田建设补助资金、农业综合开发补助资金和农村综合改革转移支付，以上八项专项资金累计规模达到10.96亿元，合计贡献了4年整合资金总规模的76.33%。

2. 财政涉农资金整合的使用方向和具体项目

从表4-20可以看出，洞口县整合的财政涉农资金使用方向主要集中在产业发展和基础设施建设两个方向，其中前者的项目投向更为多元化，主要有种养业、电商扶贫、光伏扶贫、发展村级集体经济、金融扶贫和旅游扶贫六类项目。

表 4-20　　　洞口县财政涉农资金整合的项目投向情况

类别	项目名称	项目数量（个）		项目金额（万元）	
		2018 年	2019 年	2018 年	2019 年
产业发展项目	种养业项目	104	118	16060	11243
	电商扶贫项目	4	3	120	84
	光伏扶贫项目	5	—	184	0
	发展村级集体经济项目	51	35	1003	736
	金融扶贫项目	2	2	3200	1074
	旅游扶贫项目	3	—	170	0
	小计	169	158	20737	13137
基础设施建设项目	农村危房改造	2	1	2530	6384
	农村安全饮水	30	136	3751	7648
	农村道路	174	350	6951	13510
	农田水利	100	189	6249	5362
	人居环境建设	5	—	897	0
	其他基础设施建设	10	—	94	0
	小计	321	676	20472	32904
其他类		4	4	1142	1464
合计		494	838	42351	47505

注：数据根据洞口县政府网站相关公开数据整理而得，2016—2017 年公开的整合资金项目分类与 2018—2019 年相比发生较大变化，不便于进行比较分析，因此不再单独分析。

从项目数量来看，2019 年较 2018 年有大幅增加，主要原因是农村安全饮水、农村道路、农田水利等项目细分到每个村庄；从项目金额来看，2019 年整合的财政涉农资金在项目投向结构上发生了一定的变化，产业发展项目减少了 7600 万元，降幅达到 36.65%，相应地，基础设施建设项目增加了 12432 万元，增幅达到 60.73%。可能的解释是，洞口县基础设施比较薄弱，需要大量的财政资金投入予以提升改造，但也可能有另外一种原因，即洞口县 2019 年经过贫困县退出专项评估，拟摘帽退出贫困县，此前十分艰巨的脱贫攻坚任务得到了缓解，但在"摘帽不摘政策"的正向激励下，依然获得了更大规模的可自主整合的财政涉农资金，相较于产业发展项目，基础设施建设更易拉动经济增长，所以在 2019 年有近七成的财政涉农整合资金投向了基础设施建设领域，相应地，对农村产业发展的财政资金支持大幅缩减，这不利于充分发挥农村产业发展对于巩固脱贫成果，解决相对贫困问题的基础支撑作用。

为进一步直观考察财政涉农资金整合的资金来源和相应的调整使用情况，分别选择农村危房改造资金和产业发展项目进行深入分析。

表 4-21 为洞口县 2018 年农村危房改造资金整合使用情况。可以看出：纳入整合范围的中央农村危房改造资金共 2745 万元，只有不足一半的资金（1265 万元）按原用途继续用于危房改造，剩余 1480 万元的调整用途用于产业发展；纳入整合范围的省级农村危房改造资金共 1403 万元，只有不足 1/3 的资金（452 万元）按原用途继续用于危房改造，剩余资金调整用途分别用于产业发展、电商产业发展、村级文化广场基础设施建设、农安饮水和水利基础设施，这在财政涉农资金整合政策实施之前是无法实现的，结果往往是导致指定用途的专项资金闲置和沉淀，同时产业发展等急需财政资金支持，但县级政府无法统筹使用。而财政涉农资金整合打破了专项资金原有的用途限制，这有利于发挥县级政府的配置主体作用。

表 4-21　　洞口县 2018 年农村危房改造资金整合使用情况

资金渠道及金额		调整用途及金额	
资金渠道	资金金额（万元）	调整后用途	调整使用金额（万元）
中央	2745	危房改造	1265
		产业发展	1480

资金渠道及金额		调整用途及金额	
资金渠道	资金金额（万元）	调整后用途	调整使用金额（万元）
省级	1403	产业发展	148
		危房改造	452
		农安饮水和水利基础设施	707
		电商产业发展	46
		村级文化广场基础设施建设	50
合计	4148	合计	4148

注：数据根据洞口县政府网站公开的《洞口县 2018 年统筹整合使用财政涉农资金来源和指标下达情况》相关数据整理而得。

表 4-22 为洞口县 2018 年调整用于产业发展的资金整合情况。可以看出，用于产业发展的资金主要源于农业生产发展资金、财政专项扶贫资金、农业综合开发补助资金、产粮大县奖励资金、中央车辆购置税收入补助资金（用于支持农村公路部分）、农村危房改造资金六大项整合资金，以上资金总规模达到 2.3 亿元，其中超过一半即 12441 万元被调整集中用于支持产业发展，同样实现了多种不同种类具有指定用途的专项资金的统筹整合使用，在一定程度上缓解了产业发展资金不足的问题，进一步提高了财政涉农资金的使用效果。

表 4-22　　洞口县 2018 年调整用于产业发展的资金整合情况

资金名称及金额		调整用途	
资金名称	资金金额（万元）	调整后用途	调整使用金额（万元）
农业生产发展资金	632	产业发展	632
财政专项扶贫资金	10724	产业发展	6879
农业综合开发补助资金	2855	产业发展	657
产粮大县奖励资金	2433	产业发展	1841
中央车辆购置税收入补助资金	2212	产业发展	758
农村危房改造资金	4148	产业发展	1628
		电商产业发展	46
合计	23004	合计	12441

注：数据根据洞口县政府网站《洞口县 2018 年统筹整合使用财政涉农资金来源和指标下达情况》整理而得。

3. 财政涉农资金整合的项目选择依据和绩效考评情况

在上级政府的支持下，贫困县获得了相当规模的可统筹使用的财政涉农资金，然而能否有效推进财政涉农资金整合工作，需要一个前提条件，即建立较为科学的项目管理制度，这也是现代预算管理制度的重要内容。为此，中央政府在 2016 年制定脱贫攻坚责任制实施办法时，首次明确要求县级政府应当建立扶贫项目库，国务院扶贫办在 2018 年部署完善县级脱贫攻坚项目库建设工作，进一步要求"建立完善与贫困县财政涉农资金统筹整合使用和资金项目审批权限下放相适应的项目管理制度，贫困县普遍编制和建立脱贫攻坚项目库，保证资金使用精准安全高效"，同时鼓励贫困县统筹整合使用的财政涉农资金从项目库中选择项目①。公开数据显示，洞口县从 2018 年开始对其脱贫攻坚项目库进行了公开公示，其在脱贫攻坚期即 2018—2020 年脱贫攻坚滚动项目库建设情况如表 4-23 所示。

表 4-23　洞口县 2018—2020 年脱贫攻坚三年滚动项目库建设情况

项目类别	项目数量（个）				项目金额（万元）			
	总计	2018 年	2019 年	2020 年	总计	2018 年	2019 年	2020 年
产业发展	400	168	145	87	42376	17389	14532	10455
基础设施建设	2930	1506	1023	401	172767	92622	53356	26789
其他	57	33	16	8	5380	2989	1780	611
合计	3387	1707	1184	496	220523	113000	69668	37855

注：数据根据洞口县政府网站 2018 年 11 月 20 日发布的《洞口县 2018—2020 年脱贫攻坚项目库汇总表》数据整理而得，为统一口径，将跨年度项目按起始年份进行统计。

从表 4-23 可以发现，洞口县脱贫攻坚项目库具有以下几个特点：一是项目库在数量和项目金额上均以基础设施建设项目为主，占比 80% 左右，产业发展项目相对不足。二是项目库项目数量和资金规

---

① 国务院扶贫办印发《关于完善县级脱贫攻坚项目库建设的指导意见》的通知（国开办发〔2018〕10 号），国务院扶贫开发领导小组办公室，http：//www.cpad.gov.cn/art/2018/3/23/art_343_862.html。

模过大，难以实施到位，如项目库中计划 2018—2019 年实施 2891 个项目，所需资金规模高达 18.27 亿元，而这两年实际整合涉农资金不足一半，仅为 8.99 亿元，导致大量项目难以落地，主要原因项目入库未充分考虑当地实际情况。三是项目库实施规划在年度间配置不够均衡，2018 年计划实施的项目数量和项目金额均超过一半，但从表 4-18 可知，2018 年和 2019 年的整合资金规模大体相当，应当均衡合理配置各年度间实施项目，提高项目科学化和精准化管理水平。

在项目绩效管理方面，洞口县脱贫攻坚项目库所有项目均编制了绩效目标、受益对象等，但项目绩效目标执行监控情况、资金绩效自评结果以及抽查结果等绩效管理信息尚未公开，项目绩效管理水平有待进一步提升。

（二）省级扶贫重点县整合情况：以安徽省蒙城县为例

1. 财政涉农资金整合的总体规模和来源渠道情况

从表 4-24 可以看出，蒙城县财政涉农资金整合的总体规模 4 年合计达到 126485 万元，自 2017 年以来每年均在 30000 万元以上，占一般公共预算支出的比重即相对规模均值为 5% 左右，低于洞口县水平（7% 以上）。

表 4-24　　　　蒙城县财政涉农资金整合的来源渠道情况

年份	绝对规模（万元）					相对规模（%）
	总计	中央	省	市	县	
2016	23657	3177	9983	10497		4.51
2017	38719	7762	21270	9687		6.31
2018	30963	—	9526	10300	11137	4.76
2019	33146	—	7505	10333	15308	4.71
合计	126485	10939	48284	67262		5.08

注：数据根据蒙城县政府网站相关公开数据整理而得，2016—2017 年数据合并计算主要由于相关公开数据未细分市县数据。

从来源渠道看，洞口县财政涉农资金整合的渠道与洞口县正好相反，其主要源于市县政府，除 2017 年（当年省级政府占比最高，主要是高标准农田建设规模较高，达到 15820 万元），其余年份市县政府资金均占整合资金总量的 44% 以上，四年均值达到 53% 以上，省级政府其次，省级和市县政府即地方政府合计贡献了 91% 以上的整合资金，中央政府占比不足 10%，2018—2019 年均未再下放项目财政涉农资金项目审批权，这也表明了中央政府对于省级扶贫重点县政策明显区别于国家扶贫重点县和连片特困地区县，对于下放财政涉农资金项目审批权依然较为谨慎。

表 4-25 为蒙城县财政涉农资金整合的部分专项资金情况。

表 4-25　　　蒙城县财政涉农资金整合的部分专项资金情况

整合资金名称	绝对规模（万元）					占总整合资金的比重（%）
	总计	2016 年	2017 年	2018 年	2019 年	
财政专项扶贫资金	60710	5572	9207	14825	31106	48.00
中央车辆购置税补助资金（支持农村公路部分）	23203	8212	5361	7590	2040	18.34
农村危房改造补助资金	9317	1654	4653	3010	——	7.37
高标准农田建设补助资金	19355	1246	18109	——	——	15.30
合计	112585	16684	37330	25425	33146	89.01

注：数据根据蒙城县政府网站相关公开数据整理而得。

洞口县属于省级扶贫重点县，自 2018 开始，中央专项资金不再纳入整合范围的资金目录，通过与洞口县对比发现，纳入整合范围的资金种类明显更少，并且在 2018 年当年整合规模也有一次明显的下滑。经过整理发现，蒙城县财政涉农资金整合的专项资金主要集中在财政专项扶贫资金、中央车辆购置税补助资金（支持农村公路部分）、农村危房改造补助资金、高标准农田建设补助资金等项目上，累计整合资金分别占总整合资金的比重分别达到 48.00%、18.34%、7.37%、15.30%，合计贡献达到 89.01%，相比洞口县，蒙城县纳入整合范围的财政涉农资金高度依赖财政专项扶贫资金，这也表明了省级财政涉农资金整合的资金范围和种类相对有限。

2. 财政涉农资金整合的使用方向和具体项目

从项目类别和具体项目来看，洞口县整合的财政涉农资金使用方向主要集中在农业生产发展、基础设施建设和农村社会事业三个方向，其中农业生产发展与洞口县的产业发展较为类似，但具体项目略有不同，主要有林业产业扶贫、新型经营主体、光伏发电补贴资金、扶贫小额信贷贴息、特色产业奖补等项目（见表4-26）。

表4-26　　　　蒙城县财政涉农资金整合的项目投向情况

项目类别	项目名称	项目金额（万元）	
		2018 年	2019 年
农业生产发展类	林业产业扶贫	5000	1482
	新型经营主体	2500	2000
	光伏发电补贴资金	1291	3000
	扶贫小额信贷贴息	1200	5170
	特色产业奖补	1146	620
	其他农业生产发展项目	670	1259
	小计	**11807**	**13531**
基础设施建设类	农村危房改造	3010	386
	农村道路畅通工程	7549	14670
	农村人居环境整治	—	1494
	光伏扶贫电站并网线路改造	—	782
	就业扶贫车间	—	353
	小计	**10559**	**17685**
农村社会事业类	农村低保调标市级配套资金	3800	—
	建档立卡贫困人口健康脱贫资金	2610	—
	扶贫公益岗	—	1479
	技能脱贫培训	—	200
	雨露计划	—	251
	小计	**6410**	**1930**
合计		**28776**	**33146**

注：数据根据蒙城县政府网站相关公开数据整理而得，2016—2017 年公开的项目任务清单均未包括相应的项目金额情况，无法进行统计分析。表中加粗数据为不同类别的加总数。

从项目金额来看，2019 年整合的财政涉农资金在项目投向结构上发生了一定的变化。农村社会发展项目下降了 4480 万元，降幅高达 69.9%，主要原因是 2018 年农村低保调标市级配套资金（3800 万元）和建档立卡贫困人口健康脱贫资金（2610 万元），在 2019 年未再出现在整合使用项目之中，而这部分资金本身具有较为固定的资金来源和专项用途，更需要注意的是，2019 年农村社会发展项目更为多元化和合理化，比如新增了支持就业扶贫的扶贫公益岗项目和技能脱贫培训项目。相应地，农业生产发展项目增加了 1724 万元，增长 14.6%，低于整合资金总体增幅（15.19%）；而基础设施建设项目增加了 7126 万元，增幅达到 67.5%，甚至高于洞口县水平（60.73%）。可能的解释是蒙城县 2018 年即通过贫困县退出专项评估，摘帽退出贫困县，脱贫任务相对得以缓解，在"摘帽不摘政策"的正向激励下，依然获得了更大规模的可自主整合的财政涉农资金，相对于产业发展项目，基础设施建设更易拉动经济增长，基础设施建设固然重要，但对于巩固脱贫成果，解决相对贫困问题需要更加重视产业发展的作用。

3. 财政涉农资金整合的项目选择依据和绩效考评情况

从表 4-27 可以发现蒙城县脱贫攻坚项目库具有以下几个特点。

表 4-27　蒙城县 2018—2020 年脱贫攻坚三年滚动项目库建设情况

项目类别	项目数量（个）				项目金额（万元）			
	总计	2018 年	2019 年	2020 年	总计	2018 年	2019 年	2020 年
产业发展类	401	119	166	116	50161	18489	17694	13978
基础设施建设类	2756	909	1718	129	349767	85194	155508	109065
社会事业类	501	153	214	134	144326	27878	58826	57622
合计	3658	1181	2098	379	544254	131561	232028	180665

注：数据根据蒙城县政府网站 2018 年 6 月 10 日发布的《蒙城县 2018—2020 年脱贫攻坚项目库汇总表》数据整理而得。

第一，与洞口县类似，蒙城县项目库同样以基础设施建设类项目为主，达到项目总金额的 64.27%，不同的是，第二大类项目是社会事业类项目，超过 1/4，相应地，产业发展类项目配置严重不足，在项目总金额的比重不足 10%，项目库结构配置不合理。

第二，项目库项目数量和资金规模过于庞大，难以有效落实，如项目库中计划 2018—2019 年实施 3279 个项目，所需资金规模高达 363589 万元，而这两年实际整合涉农资金总规模仅有 64108 万元，资金缺口有近 299481 万元，分年度来看，2019 年这一问题更为严重，计划于该年实施的 2098 个入库项目所需资金高达 232028 万元，超 2019 年实际整合使用的涉农资金规模近 198882 万元，这样做的结果必然会导致大量项目难以落地实施，因此需要充分考虑当地实际情况，加强项目库入库项目规模控制，提高入库项目质量。

在项目绩效管理方面，蒙城县脱贫攻坚项目库所有项目均编制了绩效目标（项目预期收益）、受益对象等，但项目绩效目标执行监控情况、资金绩效自评结果以及抽查结果等绩效管理信息未能从公开渠道获得，项目绩效管理水平有待进一步提升。

第四节　本章小结

首先，梳理了中国财政涉农资金整合政策的演变历程，自 2013 年以来进入区域整体推进阶段，财政涉农资金整合试点范围之广、力度之大在中国财政涉农资金改革历史上是前所未有的。其次，通过中国财政涉农资金的配置情况分析发现：财政涉农资金总体规模庞大且保持增长态势，但其高速增长难以持续；地方政府在涉农领域对中央转移支付的依赖程度相对更高，即财政分权程度相对更低，2011—2019 年虽然下降了 15.53 个百分点，但仍高达 40.88%，高出转移支付整体水平 7.58 个百分点。最后，通过湖南省国家扶贫重点县（连片特困地区县）洞口县和安徽省级扶贫重点县蒙城县两个不同类型贫困县的典型案例分析发现：在整合资金规模和来源渠道方面，国家扶贫重点县洞口县财政涉农资金整合的相对规模和中央资金占比均高于省级扶贫重点县蒙城县；在整合资金的使用方向和项目配置方面，整合资金的投向以基础设施建设、农业生产或产业发展为主，分年度的数据比较显示财政涉农资金整合呈现大幅提高基础设施建设的结构变化趋势，农业生产和产业发展项目规模相对不足，其中湖南省洞口县产业发展项目资金甚至出现 36.65% 的降幅，其基础设施建设项目资金却增加了 60.73%；在整合资金的项目选择依据和绩效考评方面，两个贫困县均建立了脱贫攻坚项目库管理制度，且编制了绩效目标，但均存在项目库资金缺口过大、产业发展项目配置不足、绩效管理水平不高等问题，需要加强项目库总量规模控制和结构优化配置，提高涉农项目资金绩效管理水平。

第五章

财政涉农资金整合效应的
实证分析

——基于双重差分模型

　　本章将利用双重差分模型考察财政涉农资金整合对农业产出和农民收入的实质影响，同时进一步探究这一影响在不同类型贫困县的差异表现，实证分析主要分为三个部分：首先，提出研究假设，并构建双重差分模型，选取合理的处理组和对照组研究样本；其次，选取合适的被解释变量和控制变量；最后，回归结果分析，即财政涉农资金整合的增产效应、增收效应分析。

第一节　研究假设与模型构建

一　研究假设

　　根据本书第三章对财政涉农资金整合效应的理论分析可知，本书所研究的财政涉农资金整合效应主要聚焦农业增产和农民增收两个方面，即增产效应和增收效应。从前文分析可知，通过上级转移支付项目的整合和资金项目审批权的下放，财政涉农资金整合可以从源头上破解由多头管理带来的资金"碎片化"问题，有利于发挥财政涉农资金的规模效应，有利于县级政府利用信息优势自主选择符合当地发展情况的农村产业发展等涉农项目，进而推动当地农业生产发展，即可以产生增产效应，由于纳入整合的财政涉农资金范围和规模不同，不同类别的贫困县产生的增产效应存在一定差异。据此，本书提出如下研究假设。

H5-1：财政涉农资金整合能够推动当地农业产出增长，即会产生增产效应，不同类别的贫困县产生的增产效应存在一定差异。

财政涉农资金整合可以通过对农民增加非生产性支出直接增加农民的转移性收入，从而促进农民增收，比如近年来实施的精准扶贫政策，通过建档立卡、设置专项扶贫资金等手段，可以精准识别贫困人口，提高资金使用效益，实现农村贫困人口的收入增长。但是，此次财政涉农资金整合明确指出，对于农民的直接补贴以及原有的农村最低生活保障等非生产性支出均不纳入此次整合范围，因而财政涉农资金整合对农民增收的直接影响可能并不明显。据此，本书提出如下研究假设。

H5-2：财政涉农资金整合并不能直接促进农民收入增长，即直接的增收效应不显著。

需要说明的是，本书所研究的财政涉农资金整合在实施时间、实施范围和实施内容等方面与扶贫政策均有本质区别，本书所构建的双重差分模型严格按照财政涉农资金整合政策进行设定，理论上是无法准确捕捉到扶贫政策效应的，具体原因如下。

第一，扶贫政策实施时间更早。中国扶贫政策自 20 世纪 80 年代即开始实施，中国第一批贫困县是 1986 年确定的，此后进行过 1994 年、2001 年和 2011 年三次调整，直到 2013 年 11 月，习近平总书记首次提出"精准扶贫"的重要理念，扶贫模式实现了由救济式扶贫、开发式扶贫向精准式扶贫的转变，而财政涉农资金整合是从 2016 年才开始实施的。

第二，扶贫政策实施的区域范围更广。2014 年 1 月，中共中央办公厅和国务院办公厅印发《关于创新机制扎实推进农村扶贫开发工作的意见》，明确建立精准扶贫工作机制，在全国范围内对每个贫困村、贫困户建档立卡，随后国务院扶贫办印发《扶贫开发建档立卡工作方案》，明确 2014 年底前，在全国范围内建立贫困户、贫困村电子信息档案，通过建档立卡，中国扶贫政策已覆盖存在贫困人口的所有地区，本书的多数对照组即非贫困县也在这一范围之内①。

第三，扶贫政策涉及的农民群体范围相对更小。扶贫政策中对农民的直接补贴等转移支付资金主要针对建档立卡的贫困人口，从贫困发生率指标来看，贫困地区的贫困发生率为 16.6%，而全国贫困发生率仅为 7.2%，扶贫政策主要致力于贫困人口摆脱绝对贫困，而对于农民整体的增收效应相当有限，并不会对本书财政涉农资金整合效应的实证检验产生重要影响。此外，在本书稳健性检验部分，运用安慰剂检验方法，即假想财政涉农资金整合实施提前一年或两年，回归结果的交叉项系数均不显著，这在一定程度上否定了政策效应来自扶贫政策等其他政策或随机性因素影响的可能性。

二 双重差分模型构建

要想探究财政涉农资金整合对农业增产和农民增收之间所产生因果效应的大小，关键在于选择合适的计量模型方法进行因果推断。DID 估计方法是政策评估的常用方法，较早的经典文献源于 Card 和 Krueger（1994）关于最低工资调整对就业的影响的一篇文章，周黎安和陈烨 2005 年将其引入中国，应用于中国农村税费改革的政策效应的评估，此后这种方法被大量运用到重大改革政策的评估之中。本书的研究对象为贫困县，其认定并非完全随机的，直接采取一阶差分法容易产生选择误差，而 DID 估计方法可以剔除处理组与对照组在政策冲击之前的差异，并较好地解决试点政策与被解释变量之间的内生性问题，本书选择 DID 估计方法对中国财政涉农资金整合效应的相关研究假设进行实证检验。参考郑新业等（2011）、杨莎莉和张平竺（2014）等的做法，构建如下双重差分模型：

$$Y_{it} = \alpha + \beta_1 (D_i \times T) + \beta_2 D_i + \beta_3 T + \beta_4 Control + \varepsilon_{it} \tag{5-1}$$

---

① 中华人民共和国中央人民政府网站，https://www.gov.cn/zhengce/2014-01-25/content_2640104.htm。

式中：Y_{it} 为衡量农业发展和农民收入水平的被解释变量；D_i 为处理组虚拟变量（若个体 i 属于处理组，则 $D_i = 1$；若个体 i 属于对照组，则 $D_i = 0$）；T 为政策冲击虚拟变量（整合试点实施年份，$T = 1$；整合试点未实施年份，$T = 0$）；$Control$ 为控制变量；ε_{it} 为随机干扰项。

在该模型中，交乘项 $D_i \times T$ 为核心解释变量，其系数 β_1 即双重差分估计量，也是本书所重点关注的政策效应，它衡量了财政涉农资金统筹整合试点对农业产出和农民收入的影响效应，即财政涉农资金整合的增产效应和增收效应。双重差分模型的关键在于合理确定交乘项中的政策冲击虚拟变量和处理组虚拟变量，下面分别介绍两个虚拟变量的确定结果和具体依据。

（一）政策冲击虚拟变量的确定

政策冲击虚拟变量按照《国务院办公厅关于支持贫困县开展统筹整合使用财政涉农资金试点的意见》（国办发〔2016〕22 号）发布的年份 2016 年和全国脱贫任务完成年份 2020 年进行设置，即 2016—2020 年，$T = 1$；2016 年之前，$T = 0$，处理依据主要有以下三点。

第一，国务院办公厅发布该文件的具体日期是 2016 年 4 月 15 日，月份相对较早，大量财政涉农专项资金尚未开始下达，即纳入整合范围的财政涉农资金采取了"切块下达"，统计数据表明 2016 年纳入整合范围的各级财政涉农资金总规模相当大，超过了 3200 亿元。

第二，财政部农业司 2017 年的公开报道显示，2016 年全国实际开展整合试点的贫困县达到 961 个，其中连片特困地区县和国家扶贫重点县 792 个，占全国 832 个贫困县总量的 95%，比例相当高。

第三，虽然国务院办公厅发布的这一文件并未明确试点期限，但部分省份如湖南省明确了试点时间暂定为 2016—2020 年，之后财政部和国家发展改革委于 2017 年进一步明确贫困县涉农资金统筹整合试点政策在脱贫攻坚期内实施[①]，因此本书选择财政涉农资金整合的政策冲击时间为 2016—2020 年。

---

① 详细内容见财政部网站，http：//finance. people. com. cn/n1/2017/1222/c1004 - 29723852. html。

（二）处理组虚拟变量的确定

合理确定处理组和对照组关系到双重差分模型的共同趋势假设这一基本假设能否成立，即处理组和对照组在政策冲击之前应满足共同趋势，也就是说在政策冲击之前二者不存在非共同趋势差异，这一假设也是确保双重差分模型估计有效性的重要前提。在确定财政涉农资金整合的处理组和对照组时，本书进行了以下分析和考量。

首先，考虑能否进行全样本研究，即进行财政涉农资金整合试点的所有贫困县样本和未进行财政涉农资金整合试点的所有非贫困县样本能否都纳入。全国832个贫困县主要分布在中西部地区（东部和东北地区的河北省、海南省、黑龙江和吉林四省合计仅有78个国家扶贫重点和连片特困地区县），区域差异非常大，尤其是县级层面要满足共同趋势假设仍存在较大难度。

其次，考虑能否选择某一区域，以及选择哪一区域更为合理。西部多数省份非贫困县数量占比过低，会导致对照组数量过少，难以有效估计政策效应，而中部地区不存在这一问题，贫困县与非贫困县数量基本相当，且从贫困发生率指标看，二者差距相对西部地区更小，更有利于控制差异影响。

最后，考虑中部地区所有省份的所有县是否都可以纳入研究样本。通过本书第一章表1-1可以发现，市辖区、县级市与贫困县在财政收入增幅、财政自给率等方面存在显著差异，为提高双重差分检验效果，本书剔除了县级行政区划中的市辖区和县级市两类样本；为克服民族自治政策影响，进一步剔除了自治州和自治县样本。通过进一步收集资料发现，湖北省于2015年以省政府办公厅名义开展贫困县资金整合工作[①]，整合资金范围包括中央、省、市（州）、县级到村到户到人的所有财政性资金，整合区域范围为全省37个贫困县（市、

---

① 政策文件为湖北省政府办公厅印发的《关于创新建立贫困县资金整合机制实施精准扶贫的意见》，湖北省人民政府网站，http://www.hubei.gov.cn/govfile/ezbf/201509/t20150902_1034140.shtml。

区），但其他有建档立卡贫困村、贫困人口的县（市、区）参照执行①，可以发现湖北省贫困县资金整合不仅在时间上要早于此次全国范围内的财政涉农资金整合，而且在资金范围和区域范围上都有明显差异，二者均相对更广，因此湖北省不宜纳入此次研究样本。江西省则于 2014 年以省政府办公厅名义在于都县、吉水县部署开展涉农资金整合试点工作，2015 年又将试点范围扩大至赣州、吉安、抚州三个设区市所有 42 个县（市、区）②，2016 年根据《国务院办公厅关于支持贫困县开展统筹整合使用财政涉农资金试点的意见》（国办发〔2016〕22 号）要求部署财政涉农资金整合工作时③，将中央苏区所有县连同贫困县全部纳入整合试点范围，共计 58 个县，其中中央苏区县 54 个（含 21 个贫困县）在 2012 年以后开始享受西部大开发等多项中央扶持政策④，考虑以上各项因素，江西省同样不宜纳入此次研究样本。而河南省和湖南省于 2016—2017 年在部分县域启动了以高标准农田建设为平台开展统筹整合涉农资金试点，为剔除这一政策影响，将涉及的 15 个县予以剔除。

综上所述，最终确定中部地区山西省、安徽省、河南省、湖南省四省（以下简称中部四省）共 273 个样本县作为双重差分模型的初始研究样本（见表 5-1）。需要说明的是，处理组不仅包含了连片特困地区县和国家扶贫重点县两类国家级贫困县，还包含了省级扶贫重点县，其原因主要是通过本书第四章的典型案例分析，以及对中部四省相关整合政策文件的整理发现，省级扶贫重点县均被纳入了中部四省地方自主试点范围，为了后续分类检验与异质性分析，将省级扶贫重

① 政策文件为湖北省财政厅印发的《关于贯彻落实〈省人民政府办公厅关于创新建立贫困县资金整合机制实施精准扶贫的意见〉的通知》，湖北省财政厅网站，http://czt.hubei.gov.cn。

② 具体内容见《江西省人民政府关于涉农专项资金整合情况的报告》，江西省人大新闻网，http://jxrd.jxnews.com.cn。

③ 政策文件为江西省政府办公厅印发的《江西省统筹整合财政涉农扶贫资金实施方案》，江西省人民政府网站，http://www.jiangxi.gov.cn。

④ 政策文件为国务院印发的《关于支持赣南等原中央苏区振兴发展的若干意见》，中华人民共和国中央人民政府网站，http://www.gov.cn。

点县纳入了本书处理组样本，连同连片特困地区县、国家扶贫重点县共得到 156 个处理组样本县，剩余 117 个非贫困县作为对照组样本县。

表 5-1　　　双重差分模型初始研究样本数量及其分布情况

省份	初始总样本	对照组（非试点县）	处理组（试点县）			
			小计	连片特困地区县	国家扶贫重点县	省级扶贫重点县
山西省	84	29	55	20	15	20
安徽省	55	32	23	12	6	5
河南省	79	30	49	23	11	15
湖南省	55	26	29	22	2	5
合计	273	117	156	77	34	45

注：样本县均不包含市辖区、县级市，同时剔除本书研究时间范围 2013—2018 年间发生撤县设市或撤县设区等行政区划调整的县。

第二节　变量选取与数据来源

一　变量选取

（一）被解释变量

1. 农业产出水平指标

现有文献中（蒋永穆、刘涛，2012；肖卫、肖琳子，2013）关于农业产出水平的衡量指标主要有农业总产值或增加值、农业劳动生产率等；本书第四章已提到，农业现代化指标体系主要有农产品加工业与农业总产值比、农业劳动生产率、农林牧渔服务业增加值占农林牧渔业增加值的比重、农业土地产出率等。然而，本书初始研究样本的农林牧渔业增加值、第一产业从业人数、耕地面积、农产品加工业产值、农林牧渔服务业增加值等数据难以同时获取，考虑到数据可得性，本书选择人均农业总产值的增长率（AGR）衡量农业产出水平的变化，其中人均农业总产值为农业总产值与常住人口的比值。

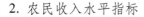

2. 农民收入水平指标

衡量农民收入水平的指标一般采用农村居民家庭人均纯收入或农村居民人均可支配收入，但二者的统计口径有所不同，数据不具有可比性，其中前者在 2012 年及以前年度使用，为老口径数据，后者从 2013 年开始使用，为新口径数据，本书选择农村居民人均可支配收入的自然对数（$\ln RHI$）衡量农民收入的增长变化情况。

（二）核心解释变量

交乘项 $D_i \times T$。其中，处理组虚拟变量 D_i 按照处理组和对照组的样本分类确定，处理组 $D_i = 1$，反之则为 0；政策冲击虚拟变量 T 按照国办发〔2016〕22 号文发布的 2016 年和全国脱贫攻坚任务完成年份 2020 年进行设置，即 2016—2020 年，$T = 1$，2013—2015 年，$T = 0$。

（三）控制变量的选取

参考肖卫和肖琳子（2013）、王亚芬等（2015）、王艺明和刘志红（2016）等做法，结合本书研究需要和数据可得性，选择以下控制变量：

1. 经济控制变量

选择城镇化率（UR）指标，用以控制城镇化发展水平的县域间差异。为准确反映城镇化发展水平，采取常住人口口径。

2. 人口控制变量

选择务农人数增长率（GRE）指标，用于控制从事农业生产发展的人员数量变化。务农人数增长率能够反映从事农业生产的劳动力数量变化，务农人员一般采取农业从业人员或第一产业从业人员数量指标，但县级层面的该项数据难以获取，考虑到乡村农业、工业、建筑业等各行业从业人员是按从事主业时间最长（时间相同按收入算）的原则进行统计的，同时中国城乡二元格局尚未完全破除，仍有大量长期外出务工的农民，每年在农忙时节返乡从事农业生产，即乡村从业人员中的工业、建筑业从业人员也可能从事农业生产活动，因此务农人数采用乡村从业人员数进行替代。

3. 技术控制变量

选择单位面积农机总动力（PAM），用以控制农业生产技术水平的县域间差异。具体采取单位粮食作物播种面积的农业机械总动力指标。

4. 土地控制变量

反映农业土地状况的指标主要有农用地面积、耕地面积、农作物播种面积、粮食作物播种面积，但前三者指标在本书初始研究样本县难以同时获取，同时鉴于被解释变量为增长率指标，选择粮食作物播种面积增长率（LAU），用以控制当地播种面积的县域差异。

5. 地理控制变量

选择山区哑变量（MA）、丘陵地区哑变量（MC），分别用以控制地势环境等地理条件的县域间差异对被解释变量人均农业总产值的增长率（AGR）等的影响。

综上所述，双重差分模型的被解释变量选取了能够反映农业产业和农民收入增长水平的两项指标，核心解释变量选取双重差分模型交乘项，并加入经济、人口、技术、土地、地理控制变量，具体指标选取情况如表5-2所示。

表5-2　　　　　　　　双重差分模型变量指标选取情况

变量类别	测度指标	变量代码	指标含义
被解释变量	人均农业总产值增长率（%）	AGR	反映农业产出水平
	农民人均可支配收入（取对数）	$\ln RHI$	反映农民收入增长水平
核心解释变量	双重差分模型交乘项	$D_i \times T$	反映政策冲击虚拟变量与处理组虚拟变量的乘积
经济控制变量	城镇化率（%）	UR	控制城镇化水平影响
人口控制变量	务农人数增长率（%）	GRE	控制农业劳动投入变化影响
技术控制变量	单位面积农机总动力（千瓦/公顷）	PAM	控制农业技术水平影响
土地控制变量	粮食作物播种面积增长率（%）	LAU	控制播种面积变化影响
地理控制变量	山区虚拟变量	MA	控制自然地理条件影响
	丘陵地区虚拟变量	MC	

二　数据来源

双重差分模型至少需要政策冲击前后的两期面板数据，为了更好地估计政策效应，再结合变量指标情况，本书选取财政涉农资金整合实施前后各三期面板数据，即 2013—2018 年。需要指出的是，2016年，中国正式建立贫困县退出机制，并启动贫困县退出工作，近年来各地陆续有贫困县提出退出申请，并通过国家专项评估检查，经省政府批准后正式退出，到 2020 年贫困县已全部实现摘帽，但是中央同时明确"贫困人口、贫困村、贫困县退出后，在一定时期内国家原有扶贫政策保持不变，支持力度不减，留出缓冲期，确保实现稳定脱贫"，即贫困县的退出实现"摘帽不摘政策"的正向激励原则，包括后期财政部等相关文件均进一步明确开展财政涉农资金整合的范围包含脱贫县，因此本书所选取的处理组样本享受财政涉农资金整合试点政策不受是否已退出贫困县的影响。

本书以中部四省 2013—2018 年 273 个样本县为初始研究样本，但在数据整理过程中，共 44 个县存在数据缺失情况，将该部分样本剔除后，得到 229 个县共 1374 个观测样本，最终选定总样本数量占初始总样本的比重达到 83.88%，具有较强的代表性。从表 5-3 可以看出，处理组即试点县样本为 129 个（其中连片特困地区县、国家扶贫重点县和省级扶贫重点县样本分别为 65 个、27 个、37 个），占选定总样本的 56.33%，对照组即非试点县样本为 100 个，占选定总样本的 43.67%，处理组和对照组的样本分布也是比较合理的。

表 5-3　　　　　双重差分模型选定样本数量及其分布情况

省份	选定总样本	对照组（非试点县）	处理组（试点县）			
			小计	连片特困地区县	国家扶贫重点县	省级扶贫重点县
山西省	63	25	38	11	11	16
安徽省	51	29	22	11	6	5
河南省	65	23	42	23	8	11

续表

省份	选定总样本	对照组（非试点县）	处理组（试点县）			
			小计	连片特困地区县	国家扶贫重点县	省级扶贫重点县
湖南省	50	23	27	20	2	5
合计	229	100	129	65	27	37

样本的数据来源为统计年鉴和统计公报数据，具体为各年度的《中国县域统计年鉴》《山西统计年鉴》《安徽统计年鉴》《河南统计年鉴》《湖南统计年鉴》《湖南农村统计年鉴》，以及部分地市统计年鉴。需要说明的是，中部四省农村居民人均可支配收入新口径数据从2013年开始统计，但除湖南省外，其余三省的统计年鉴未公开县级农村居民人均可支配收入数据，本书根据各县2014年统计公报公布的当年数和同比增幅推算出2013年数据。同时，为消除价格波动因素的干扰，本书根据所在地级市的农业总产值指数（2012年＝100）将各样本县农业总产值的当年价格换算为可比价格即农业实际总产值，根据所在地级市的居民消费价格指数（2012年＝100）将各样本县农村居民人均可支配收入数据统一调整至2012年的价格水平。

第三节　实证分析与稳健性检验

一　描述性统计

主要变量描述性统计如表5-4所示，从中位数统计指标可以发现，AGR达到3.74%，中部四省县域农业平均发展水平并不高，农民年人均可支配收入9360元，低于全国平均水平（2014年即达到10489元）；从极值统计指标可以发现，中部四省农业发展和农民收入存在较大县域差异，其中人均农业总产值增长率最小值和最大值差距超过60个百分点，而农民人均可支配收入最大值是其最小值的13倍之多，说明县域间农业发展不平衡、农民收入差距大的问题在中部

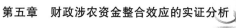

四省依然相当严峻。

表 5-4　　　　　　　双重差分模型主要变量描述性统计

变量代码	样本量	均值	中位数	标准差	最小值	最大值
AGR	1374	3.5407	3.7350	3.9798	-32.0600	30.5200
lnRHI	1374	9.1198	9.1442	0.3634	7.6944	10.2578
UR	1374	36.3544	37.4450	10.0025	9.0900	68.4400
GRE	1374	-0.3665	0.0500	4.8551	-46.4700	36.3100
PAM	1374	9.8020	9.0950	4.7248	0.2400	43.2000
LAU	1374	-0.3886	0.3000	5.5026	-53.4500	34.2000
MA	1374	0.3013	0	0.4590	0	1.0000
MC	1374	0.2926	0	0.4551	0	1.0000

二　对农业产出的效应

（一）总体检验结果

运用式（5-1）验证 H5-1，即财政涉农资金整合对农业发展的影响，回归结果如表 5-5 列（2）所示，同时分别检验不加入控制变量和剔除不显著的控制变量的情况，回归结果如表 5-5 列（1）和列（3）所示。

表 5-5　　　　　　财政涉农资金整合对农业发展的影响

变量	AGR		
	（1）	（2）	（3）
$D_i \times T$	1.4713***	1.4663***	1.4617***
	(0.4142)	(0.4102)	(0.4133)
组别固定效应	-0.0216	0.0608	-0.0342
	(0.3156)	(0.3095)	(0.3163)
时间固定效应	-0.7884***	-0.7535***	-0.7184***
	(0.2663)	(0.2850)	(0.2705)
UR		0.0075	
		(0.0132)	

续表

变量	AGR		
	（1）	（2）	（3）
GRE		−0.0068 （0.0274）	
PAM		0.0123 （0.0245）	
LAU		0.0390* （0.0214）	0.0398* （0.0205）
MA		−0.2396 （0.2253）	
MC		−0.3241 （0.2610）	
常数项	3.5326*** （0.1812）	3.2579*** （0.4568）	3.5229*** （0.1825）
N	1374	1374	1374
R^2	0.016	0.021	0.019

注：***、*分别表示1%和10%的显著性水平，括号内为稳健标准误；计量软件为Stata15.0；下同。

从表5-5结果可以发现：财政涉农资金整合对农业发展的影响是显著的，且能够促进农业发展，即产生增产效应；未加入控制变量前，交乘项系数为1.4713，意味着相较于未开展财政涉农资金整合的对照组，处理组的人均农业总产值增长率在试点后约提高了1.4713个百分点；加入控制变量或者剔除不显著的控制变量后，这一提高幅度基本不变（下降幅度不足0.01个百分点），这表明财政涉农资金整合能够显著推动农业的发展，从而产生增产效应，H5-1得到部分验证。

（二）贫困县分类检验结果

根据前文所述，本书选取的处理组样本涵盖连片特困地区县、国家扶贫重点县、省级扶贫重点县等不同类别的贫困县，为了进一步验证H5-1，即不同类别的贫困县产生的增产效应是否存在差异，本书对处理组样本进行不同处理和分类检验，回归结果如表5-6所示，其中 AGR1 代表处理组只保留连片特困地区县和国家扶贫重点县，AGR2 代表处理组中只保留省级扶贫重点县，AGR3 代表处理组中只保留连片特困地区县，AGR4 代表处理组中只保留国家扶贫重点县，模型1为不加入控制变量的检验结果，模型2为加入控制变量的检验结果。

表5-6　不同类型贫困县财政涉农资金整合对农业发展的差异影响

变量	模型1				模型2			
	$AGR1$	$AGR2$	$AGR3$	$AGR4$	$AGR1$	$AGR2$	$AGR3$	$AGR4$
	（1）	（2）	（3）	（4）	（5）	（6）	（7）	（8）
$D_i \times T$	1.6476 ***	1.0328 *	1.2832 ***	2.5248 **	1.6550 ***	1.0406 *	1.2242 **	2.5470 **
	(0.4797)	(0.5567)	(0.4840)	(0.9814)	(0.4735)	(0.5553)	(0.4752)	(0.9925)
组别固定效应	YES	YES	YES	YES	YES	YES	YES	YES
时间固定效应	YES	YES	YES	YES	YES	YES	YES	YES
控制变量	NO	NO	NO	NO	YES	YES	YES	YES
常数项	3.5326 ***	3.5326 ***	3.5326 ***	3.5326 ***	3.0862 ***	2.9763 ***	2.9376 ***	2.7281 ***
	(0.1813)	(0.1814)	(0.1813)	(0.1814)	(0.4912)	(0.5709)	(0.4155)	(0.6415)
N	1152	822	990	762	1152	822	990	762
R^2	0.017	0.022	0.014	0.028	0.022	0.038	0.023	0.033

注：***、**、*分别表示1%、5%和10%的显著性水平，括号内为稳健标准误。限于篇幅，此表未报告组别固定效应、时间固定效应和控制变量的回归结果，完整回归结果见附录中的附表5-1。

由表5-6可以发现：

第一，剔除省级扶贫重点县后，连片特困地区县和国家扶贫重点县财政涉农资金整合试点对农业发展的影响更为明显，即增产效应更大。从表5-6可以看到，无论是否加入控制变量，列（1）和列（5）的交乘项系数均明显高于表5-5的结果，大体为其1.1倍水平，分别达到1.6476、1.6550，意味着相对于未开展财政涉农资金整合试点的对照组，处理组中的连片特困地区县和国家扶贫重点县人均农业总产值增长率约提高了 1.65 个百分点；而列（2）和列（6）的交乘项系数均明显低于表 5-5 的结果，只有其 70% 左右的水平，分别达到 1.0328、1.0406，这意味着相对于未开展财政涉农资金整合试点的对照组，处理组中的省级扶贫重点县人均农业总产值增长率提高了 1.0328—1.0406 个百分点，上述结果表明财政涉农资金整合对不同类别的贫困县产生的增产效应存在明显差异，进一步验证了 H5-1。原因可能是各地自行确定的省级扶贫重点县等试点贫困县不能整合使用占比最大的中央涉农资金，仅能够利用地方各级涉农资金开展整合工作，而连片特困地区县和国家扶贫重点县纳入整合范围的财政涉农资金规模相对更大，更易发挥资金规模效应。

第二，连片特困地区县和国家扶贫重点县财政涉农资金整合试点的增产效应也存在差异，连片特困地区县低于国家扶贫重点县。从表 5-6 可以看到，无论是否加入控制变量，列（3）和列（7）的交乘项系数均明显低于列（4）和列（8）的结果，仅达到其一半左右的水平，分别达到 1.2832、1.2242，这意味着相对于未开展财政涉农资金整合试点的对照组，处理组中的连片特困地区县人均农业总产值增长率提高了 1.2242—1.2832 个百分点；而列（4）和列（8）的交乘项系数分别达到 2.5248、2.5470，这意味着相对于未开展财政涉农资金整合试点的对照组，处理组中的国家扶贫重点县人均农业总产值增长率提高了 2.5248—2.5470 个百分点，上述结果进一步表明财政涉农资金整合对不同类别的贫困县产生的增产效应是存在明显差异的，进一步验证了 H5-1。原因可能是连片特困地区县和国家扶贫重点县可以整合使用的财政涉农资金范围是一致的，但连片特困地区县的贫困程度相对较高，经济基础相对较弱，自然地理条件更为恶劣，因此其农业生产成本相对较高，整合试点产生的增产效应低于国家扶贫重点县，但值得注意的是，$AGR3$ 的交乘项系数仍然是高于 $AGR2$ 的，高出 0.1836—0.2504 个百分点，即连片特困地区县整合试点产生的增产效应明显高于省级扶贫重点县，考虑到连片特困地区县农业生产成本因素，这一结论更具积极意义。

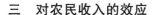

三　对农民收入的效应

（一）总体检验结果

运用式（5-1）双重差分模型验证 H5-2，即财政涉农资金整合对农民收入的影响，能否产生直接的增收效应，回归结果如表5-7列（2）所示，同时分别检验不加入控制变量和剔除不显著的控制变量的情况，回归结果如表中的列（1）和列（3）所示。

表5-7　　　　　　　财政涉农资金整合对农民收入的影响

变量	lnRHI		
	（1）	（2）	（3）
$D_i \times T$	0.0287	0.0230	0.0233
	（0.0265）	（0.0251）	（0.0251）
UR		-0.0012*	-0.0013*
		（0.0007）	（0.0007）
GRE		-0.0013	
		（0.0013）	
PAM		0.0156***	0.0156***
		（0.0016）	（0.0016）
LAU		0.0021*	0.0021*
		（0.0012）	（0.0012）
MA		-0.1302***	-0.1293***
		（0.0132）	（0.0131）
MC		-0.0940***	-0.0937***
		（0.0171）	（0.0171）
组别固定效应	-0.4908***	-0.4397***	-0.4408***
	（0.0188）	（0.0183）	（0.0184）
时间固定效应	0.2101***	0.2402***	0.2425***
	（0.0172）	（0.0181）	（0.0181）
常数项	9.2831***	9.1988***	9.2004***
	（0.0122）	（0.0302）	（0.0301）
N	1374	1374	1374
R^2	0.520	0.581	0.581

注：***、*分别表示1%和10%的显著性水平，括号内为稳健标准误。

从表5-7结果可以发现：无论如何处理控制变量，lnRHI的交乘项系数均大于零，但均不显著，这表明财政涉农资金整合未能直接推动农民收入增长，即增收效应不显著，H5-2得到验证。但即使总效应不显著，也可能存在间接效应（温忠麟、叶宝娟，2014），本书将在第六章引入中介效应模型对其进行实证检验，以期探究财政涉农资金整合对农民收入增长总效应不显著的原因。

（二）贫困县分类检验结果

为了进一步验证H5-2，对处理组样本进行分类检验，考察不同类别的贫困县产生的增收效应在显著性上是否存在差异，回归结果如表5-8所示，其中lnRHI1代表处理组只保留连片特困地区县和国家扶贫重点县，lnRHI2代表处理组中只保留省级扶贫重点县，lnRHI3代表处理组中只保留连片特困地区县，lnRHI4代表处理组中只保留国家扶贫重点县，模型1为不加入控制变量的检验结果，模型2为加入控制变量的检验结果，可以发现：无论对处理组样本如何处理，以及是否加入控制变量，其交乘项系数均不显著，表明财政涉农资金整合未能直接推动农民收入增长，H5-2得到进一步验证。

表5-8   不同类型贫困县财政涉农资金整合对农民收入的差异影响

变量	模型1				模型2			
	lnRHI1	lnRHI2	lnRHI3	lnRHI4	lnRHI1	lnRHI2	lnRHI3	lnRHI4
	（1）	（2）	（3）	（4）	（5）	（6）	（7）	（8）
$D_i×T$	0.0347	0.0137	0.0362	0.0311	0.0214	0.0279	-0.0584	0.0469
	(0.0301)	(0.0343)	(0.0348)	(0.0444)	(0.0280)	(0.0330)	(0.0887)	(0.0342)
组别固定效应	YES	YES	YES	YES	YES	YES	YES	YES
时间固定效应	YES	YES	YES	YES	YES	YES	YES	YES
控制变量	NO	NO	NO	NO	YES	YES	YES	YES

续表

变量	模型 1				模型 2			
	lnRHI1	lnRHI2	lnRHI3	lnRHI4	lnRHI1	lnRHI2	lnRHI3	lnRHI4
	(1)	(2)	(3)	(4)	(5)	(6)	(7)	(8)
常数项	9.2831***	9.2831***	9.2831***	9.2831***	9.2076***	9.0950***	9.1248***	9.1657***
	(0.0122)	(0.0122)	(0.0122)	(0.0122)	(0.0325)	(0.0415)	(0.0356)	(0.0389)
N	1152	822	990	762	1152	822	990	762
R^2	0.559	0.459	0.537	0.573	0.616	0.504	0.589	0.647

注：***表示1%的显著性水平，括号内为稳健标准误。限于篇幅，此表未报告组别固定效应、时间固定效应和控制变量的回归结果，完整回归结果见附录中的附表5-2。

四　稳健性检验

（一）共同趋势假设检验

处理组和对照组在政策冲击之前满足共同趋势是双重差分估计方法的基本假设，也是确保其估计有效性的重要前提，因此，必须对处理组和对照组的农业产业和农民收入进行共同趋势检验。本书参照 Mora 和 Reggio（2015）的做法，分别进行共同趋势假设检验，检验结果如表5-9所示。可以看出，无论是否加入控制变量，检验结果的 P 值均是大于 0.1，均是无法拒绝原假设的，即处理组和对照组的 AGR 和 lnRHI 在政策冲击之前均不存在非共同趋势差异。

表5-9　　　　　双重差分模型的共同趋势假设检验结果

All q	AGR		lnRHI	
	All$s$	H0：$s=s-1$	All$s$	H0：$s=s-1$
未加入控制变量	1.4713	0.8140	0.0287	0.1950
	(0.4086)	[0.6656]	(0.0255)	[0.9071]
加入控制变量	1.4787	0.9731	0.0216	0.2889
	(0.4054)	[0.6148]	(0.0241)	[0.8655]

注：括号内为稳健标准误，中括号内为 P 值。

（二）稳健性检验

为检验回归结果的稳健性，本书借鉴陈刚（2012）、刘瑞明和赵仁杰（2015）的安慰剂检验做法，采取假想财政涉农资金整合的政策冲击时间统一提前1年或2年，通过重新估计回归模型检验之前结果的稳健性。若估计结果仍然显著，则表明之前回归结果是不稳健的，政策效应可能还来自其他政策或随机性因素的影响；若估计结果不显著，则表明政策效应来自财政涉农资金整合的实施，具体结果如表5-10所示。

表5-10　　　　　　　双重差分模型的安慰剂检验结果

变量	*AGR*	ln*RHI*	*AGR*	ln*RHI*
	（1）	（2）	（3）	（4）
*Before*1	0.4696	0.0248		
	(0.4098)	(0.0267)		
*Before*2			−0.1713	0.0166
			(0.4976)	(0.0333)
组别固定效应	YES	YES	YES	YES
时间固定效应	YES	YES	YES	YES
控制变量	YES	YES	YES	YES
常数项	3.9045***	9.1434***	3.3509***	9.1127***
	(0.3254)	(0.0219)	(0.3609)	(0.0258)
N	1374	1374	1374	1374
R^2	0.021	0.567	0.013	0.532

注：***表示1%的显著性水平，括号内为稳健标准误。限于篇幅，此表未报告组别固定效应、时间固定效应和控制变量的回归结果，完整回归结果见附录中的附表5-3。

表5-10中的*Before*1和*Before*2分别代表假想贫困县涉农资金整合政策提前1年和提前2年的情况。可以看出，无论提前1年还是提前2年，检验结果均不显著，说明农业产出的增长是来自财政涉农资金整合。这一检验结果还可以部分否定精准扶贫政策的干扰，前文提到过，2013年11月，习近平总书记首次提出"精准扶贫"的重要理念，中国扶贫政策逐步实现救济式扶贫、开发式扶贫向精准式扶贫的

转变，但表5-10的检验结果表明，相较于非贫困县而言，贫困县并未因精准扶贫政策产生显著的增产效应和增收效应，原因可能是中国精准扶贫政策不再局限于贫困县，而是已覆盖至存在贫困人口的所有地区。

为进一步检验回归结果的稳健性，参照曹志文（2019）等的做法，本书通过变量替换方法、样本数据处理方法、时段处理方法进行稳健性检验。

第一，变量替换方法。$\ln RHI$ 仅反映农民的绝对增收情况，为进一步检验财政涉农资金整合对农业收入的效应，可以使用反映农民相对增收情况即收入差距的指标进行变量替换，农民收入差距有农民内部收入差距和城乡居民收入差距之分，但由于县级层面的农村内部收入差距数据难以获得，选择城镇居民人均可支配收入与农村居民人均可支配收入的比值即城乡收入比指标（UIG）作为替换变量，回归结果如表5-11所示。可以看出，无论如何处理控制变量，交乘项系数的显著性与原回归结果都是一致的，表明财政涉农资金整合未能直接改善农民收入分配状况，即未能直接促进农民的相对增收，进一步证实了回归结果的稳健性。

表5-11　　　　财政涉农资金整合对农民收入影响的稳健性检验（变量替换）

变量	UIG		
	模型1	模型2	模型3
$D_i \times T$	−0.1019	−0.0766	−0.0776
	(0.0639)	(0.0591)	(0.0593)
组别固定效应	YES	YES	YES
时间固定效应	YES	YES	YES
控制变量	NO	YES	YES
常数项	1.9952***	1.9059***	1.9008***
	(0.0169)	(0.0608)	(0.0608)

续表

变量	UIG		
	模型1	模型2	模型3
N	1374	1374	1374
R^2	0.284	0.404	0.404

注：＊＊＊表示1%的显著性水平，括号内为稳健标准误。模型1为不加入控制变量的情况，模型2为加入全部控制变量的情况，模型3为剔除不显著控制变量的情况。限于篇幅原因，此表未报告组别固定效应、时间固定效应和控制变量的回归结果，完整回归结果见附录中的附表5-4。

第二，样本数据处理方法。为了克服样本极端值影响，本书按照 AGR 的年度均值排序后，将前5%和后5%各12个县予以删除，得到剩余205个县1230个观测样本，双重差分的回归结果如表5-12中的模型1所示。可以看出，交乘项系数达到了1.1048，且其显著性与原回归结果是一致的，即增产效应显著，但增收效应不显著，进一步证实了回归结果的稳健性。

表5-12 双重差分模型的稳健性检验结果（样本处理和时段处理）

变量	模型1		模型2		模型3	
	AGR (1)	$\ln RHI$ (2)	AGR (3)	$\ln RHI$ (4)	AGR (5)	$\ln RHI$ (6)
$D_i \times T$	1.1048＊＊＊ (0.3698)	0.0268 (0.0259)	1.8875＊＊＊ (0.4919)	0.0219 (0.0277)	1.3830＊＊＊ (0.4312)	0.0141 (0.0278)
组别固定效应	YES	YES	YES	YES	YES	YES
时间固定效应	YES	YES	YES	YES	YES	YES
控制变量	YES	YES	YES	YES	YES	YES
常数项	3.4568＊＊＊ (0.3757)	9.2012＊＊＊ (0.0308)	3.5517＊＊＊ (0.5482)	9.2376＊＊＊ (0.0346)	3.2360＊＊＊ (0.5039)	9.2106＊＊＊ (0.0323)
N	1230	1230	1145	1145	1145	1145

续表

变量	模型 1		模型 2		模型 3	
	AGR	lnRHI	AGR	lnRHI	AGR	lnRHI
	（1）	（2）	（3）	（4）	（5）	（6）
R^2	0.016	0.574	0.025	0.572	0.017	0.572

注：***表示 1%的显著性水平，括号内为稳健标准误。限于篇幅原因，此表未报告组别固定效应、时间固定效应和控制变量的回归结果，完整回归结果见附录中的附表 5-5。

第三，时段处理方法。为克服样本选取时间区间的影响，本书选择分别去除起始年份（2013 年）样本和结束年份（2018 年）样本两种方式，得到 2014—2018 年和 2013—2017 年两个观测样本数据，样本量均为 1145 个，回归结果如表 5-12 中的模型 2 和模型 3 所示。可以看出，二者交乘项系数分别为 1.8875、1.3830，且其显著性与原回归结果均是一致的，即增产效应显著，但增收效应不显著，其中增产效应大小略有差异，2014—2018 年样本的效应相对更大，达到 1.8875 个百分点，2013—2017 年样本的效应略低，但仍达到 1.3830 个百分点，进一步证实了回归结果的稳健性。

第四节　本章小结

本章基于 2013—2018 年中部四省 229 个县域面板数据，构建了双重差分回归模型，实证检验了财政涉农资金整合对农业产出、农民收入的影响，研究发现：其一，财政涉农资金整合能够显著提 AGR，即产生增产效应，开展财政涉农资金整合的处理组所在县的人均农业总产值增长率较对照组可提高 1.4713 个百分点。其二，财政涉农资金整合对不同类别的贫困县产生的增产效应存在明显差异，国家扶贫重点县最高，高达 2.5470 个百分点，连片特困地区县次之，达到 1.2242 个百分点，省级扶贫重点县最低，但仍然达到 1.0406 个百分点。其三，财政涉农资金整合未能直接促进农民收入的增长，即直接的增收效应并不显著。

第六章

财政涉农资金整合效应传导机制的实证分析

——基于中介效应模型

本章将在第五章实证分析的基础上，引入中介效应模型，进一步考察财政涉农资金整合对农业产出和农民收入影响的传导机制，本章的实证分析主要分为三个部分：首先，提出研究假设，并构建中介效应模型；其次，选取合适的中介变量；最后，回归结果分析，即财政涉农资金整合通过不同中介变量对农业的增产效应和农民的增收效应的传导机制分析。

第一节　研究假设与模型构建

一　研究假设

此次财政涉农资金整合明确指出，对农民的直接补贴不纳入整合范围，财政涉农资金整合对农民增收的直接影响可能并不明显，即直接的增收效应不显著，本书在第五章中已经验证了这一假设，但即使总效应不显著，也可能存在间接效应（温忠麟、叶宝娟，2014），即财政涉农资金整合还可能产生间接的增收效应，因为其也可能通过推动农业发展带动农民工资性收入和经营净收入的提高，从数据来看，对农民的直接补贴属于转移性收入，在其收入结构和增收贡献中比重均不足30%，农民增收的主要来源是农民的工资性收入和经营净收入，二者的总贡献率一直保持在70%左右，而且相比而言这一方式更可持续，因此在检验财政涉农资金整合的间接增收效应和收入分配效应时首先应当关注农业发展这一传导渠道，即通过提高农业产出水平带动农民收入的增收。据此，本书提出如下研究假设。

H6-1：财政涉农资金整合能够通过提高农业产出水平这一途径带动农民收入的增长，即可以产生间接的增收效应。

除关注财政涉农资金整合在农业增产、农民增收等方面的政策效应，还应当关注政策效应的传导机制，关键是选取合适的中介变量，根据已有文献和本书第三章的理论分析可知，政府间财政关系的调整可以推动政府间涉农权责匹配和财力协调，是财政涉农资金整合促进农业产出和农民收入增长的重要途径，可以作为财政涉农资金整合政策效应的传导作用机制检验的一个中介变量。据此，本书提出如下研究假设。

H6-2：财政涉农资金整合能够通过调整政府间财政关系这一途径促进当地农业产出和农民收入的增长。

根据已有文献和本书第三章理论分析可知，地方预算管理制度改革可以推动地方涉农资金使用效率的提升，是财政涉农资金整合促进农业产出和农民收入增长的重要途径，然而，地方预算管理制度包括部门间职责和预算管理职权的划分、预算管理模式的选择等多个方面内容，作为单独中介变量在测度上存在较大的难度，如果从财政支出角度考虑，地方预算管理制度可以通过财政支出在不同部门、不同领域的配置状况来体现，地方预算管理制度在涉农领域的改革效果则可以体现在地方财政涉农支出配置优化上，因此地方财政涉农支出配置优化可以作为财政涉农资金整合政策效应的传导作用机制检验的中介变量。据此，本书提出如下研究假设。

H6-3：财政涉农资金整合能够通过优化地方财政涉农支出配置这一途径促进当地农业产出和农民收入的增长。

需要说明的是，涉农领域金融资本的参与可能也会对财政涉农资金整合效应产生传导作用。在推进农业农村现代化的进程中，需要可持续的资金投入，对此必须拓宽资金筹集渠道和提高资金使用效率，需要财政、金融资本多方参与，其中财政是处于基础和主导地位的，不仅体现在通过财政资金本身予以优先保障，还体现在通过财政的引导和撬动，更多金融资本能够参与到乡村建设中，虽然金融资本均属于市场主体，具有一定的逐利性，但其具有较为健全的公司治理制度和硬预算约束条件制约，同时更了解市场，在乡村建设中可以发挥其管理优势和信息优势，提高财政涉农资金使用效率。理论上，涉农领域金融资本参与规模可以作为财政涉农资金整合政策效应的传导作用机制检验的中介变量。衡量涉农领域金融资本参与水平的理想指标应为金融机构涉农贷款、非金融企业涉农投资、涉农保险等指标，然而相关县级层面数据均难以获取。其中，中国金融机构涉农贷款数据起始于 2007 年，当年 9 月中国人民银行和银监会才建立起涉农贷款专项统计制度，之后每年的金融机构涉农贷款余额数据主要通过《中国金融统计年鉴》和《中国农村金融服务报告》等渠道进行发布，查阅后发现，虽然涉农贷款余额按用途、城乡区域、受贷主体等不同分类的数据均有公开，但是公开层级连续多年只限于全国汇总层面，直到 2014 年才开始公开省级层面数据，而市县层面数据一直未公开。县级层面金融方面可获得的指标仅有年末金融机构各项贷款余额，但其口径偏大，不能准确反映涉农领域金融资本参与水平。因此，本书不再对涉农领域金融资本参与水平在财政涉农资金整合效应中的传导作用进行实证分析。

二 中介效应模型构建

为了验证 H6-1、H6-2 和 H6-3，参照温忠麟等（2004）、温忠麟和叶宝娟（2014）等的做法，在式（5-1）的基础上进一步构建中介效应模型：

$$M_{it} = \alpha_1 + a_1(D_i \times T) + a_2 D_i + a_3 T + a_4 Control + \varepsilon_{it1} \qquad (6-1)$$

$$Y_{it} = \alpha_2 + c'(D_i \times T) + b_1 M + b_2 D_i + b_3 T + b_4 Control + \varepsilon_{it2} \qquad (6-2)$$

式中：M_{it} 为中介变量；c' 为直接效应。a_1 与 b_1 的乘积 $a_1 b_1$ 为间接效应，但间接效应不一定是中介效应，完全中介效应、部分中介效应和遮掩效应等均属于间接效应（温忠麟等，2004），具体结果需要通过一系列的严格检验进行判断，较为常用的检验方法有依次检验法、Sobel 法和 Bootstrap 法，三种检验方法的检验效力有一定的差异，当系数 a_1 和 b_1 均显著的情况下，依次检验结果要强于 Sobel 法和 Bootstrap 法，当至少有一个不显著时，才需要进行 Sobel 或 Bootstrap 检验，具体检验流程如图 6-1 所示。

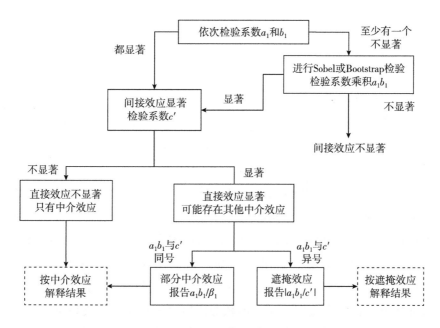

图 6-1　中介效应检验流程

注：根据温忠麟等（2004）、温忠麟和叶宝娟（2014）等资料整理。

若乘积 a_1b_1 显著但系数 c' 不显著，则属于完全中介效应，但也意味着排除了存在其他中介的可能性，这种情况较为罕见，学者也呼吁放弃这一概念（Pituch et al.，2005；Preacher and Hayes，2008）。若乘积 a_1b_1 显著且系数 c' 也显著，则表明均存在显著的间接效应和直接效应，需要判断二者符号的异同。若二者符号相同，则存在部分中介效应，即存在涉农资金整合通过中介变量进而影响农业产出和农民收入增长的中介效应，同时报告中介效应的效应量 a_1b_1/β_1，即中介效

应与总效应的比值。若二者符号相反，则存在遮掩效应，即中介变量所起到的间接作用在一定程度上掩盖了涉农整合试点对农业产出和农民收入增长的真实影响效果，同时报告遮掩效应的效应量 $|a_1 b_1 / c'|$，即遮掩效应与直接效应的比值的绝对值。将农业产出指标加入中介模型，检验 H6-1 即财政涉农资金整合通过提高农业产出水平促进农民收入增长的效果如何。

第二节　变量选取与数据来源

一　中介变量选取

参考余明桂等（2016）、黄志平（2018）等的做法，结合本书理论分析，考虑县域数据可得性，选择以下中介变量。

（一）政府间财政关系调整变化情况

具体使用县级政府收到的上级转移支付收入规模变量，以人均转移支付收入的自然对数（$\ln TP$）表示，用于衡量政府间财政关系调整变化情况，需要说明的是衡量政府间财政关系即财政分权程度的常用指标主要有收入指标、支出指标和财政自给率指标（陈硕、高琳，2012），而各个指标差异的关键正是对转移支付收入的不同处理，同时此次财政涉农资金整合试点的核心内容之一也是转移支付资金项目审批权的下放，因此本书选取转移支付收入指标衡量政府间财政关系调整情况。然而，首次修改后的《中华人民共和国预算法》于2015年1月1日起施行，在此之前，县域预决算数据的公开并不规范，中部四省2013—2018年县域转移支付收入数据难以从统计年鉴或公开渠道直接获取，对此本书采取一般公共预算收支缺口指标予以估算，即人均转移支付收入=（一般公共预算支出-一般公共预算收入）/常住人口，主要基于转移支付收入是地方弥补一般公共预算收支缺口最重要的渠道这一客观事实。根据财政收支平衡理论，地方弥补一般公共收支缺口的主要渠道有上级转移支付收入、税收返还收入、调入资金、上年结余、债务收入等。其中，税收返还收入主要是为了顺利推进分税制改革对地方既得利益保护的一种制度设计，如近年来推进的"营改增"改革，改革前营业税越高，获得的税收返还越多，但中西部地区税收返还远低于东部地区，其无法对地方收支缺口形成重要贡献；调入资金主要来自预算稳定调节基金、政府性基金收入等渠道，在近年来地方税收收入和土地出让收入增长下滑的情况下，其贡献也相对有限；上年结余在近年来中央不断加大盘活存量资金力度的要求下已经得到大幅消化；债务收入主要有国债转贷收入、一般债券收入等，其中县域国债转贷收入规模非常有限，一般债券收入体量小，近年来已逐渐被具有项目收益的专项债券所取代。因此，地方政府尤其是县域政府主要依靠上级转移支付收入弥补其一般公共预算收支缺口。进一步观察中部地区部分县域 2015 年决算公开数据可以发现，上级转移支付收入对其一般公共预算收支缺口的贡献率可达 90% 左右，使用一般公共预算收支缺口指标估算转移支付收入规模具有较强的合理性，具体指标选取情况如表 6-1 所示。

表 6-1　　　　　　　　中介效应模型变量指标选取情况

变量类别	测度指标	变量代码	指标含义
被解释变量	人均农业总产值增长率（%）	AGR	反映农业产出水平
	农村居民人均可支配收入（取对数）	$\ln RHI$	反映农民收入增长水平
中介变量	人均净转移支付收入（取对数）	$\ln TP$	反映政府间财政关系状况
	农林水支出占财政支出的比重（%）	GEA	反映地方财政涉农支出状况
经济控制变量	城镇化率（%）	UR	控制城镇化水平影响
人口控制变量	务农人数增长率（%）	GRE	控制农业劳动投入变化影响
技术控制变量	单位面积农机总动力（千瓦/公顷）	PAM	控制农业技术水平影响
土地控制变量	人均粮食作物播种面积增长率（%）	LAU	控制播种面积变化影响
地理控制变量	山区虚拟变量	MA	控制自然地理条件影响
	丘陵地区虚拟变量	MC	

（二）地方财政涉农支出配置水平

具体使用地方财政涉农支出相对规模指标，以 GEA 表示，用于衡量地方财政涉农支出配置水平。需要说明的是，GEA 中的财政涉农支出指标以一般公共预算中的农林水支出代替，主要考虑到农林水支出是地方财政涉农支出最主要的组成部分，前文已指出此次财政涉农资金整合范围涉及农业生产发展、农业综合发展、林业发展、水利发展、农村扶贫开发、农村社会发展六大类，前五类资金的支出科目大多为农林水支出，农村社会发展类资金会涉及节能环保支出、城乡社区支出、交通运输支出、住房保障支出等款级科目甚至项级支出，其数据获得存在较大困难，而且从本书第三章表3-1中可以看出，其涉及的专项资金项目并不多，因此，选择农林水支出代表地方财政涉农支出具有合理性。

需要指出的是，很多学者已从理论和实证方面证实了转移支付可以影响地方财政支出规模和结构，存在"粘蝇纸效应""可替换效应"等（付文林、沈坤荣，2012）。因此，为了更为全面地检验中介效应，本书将在政府间转移支付收入和地方财政涉农支出指标逐一加入中介模型基础上，进一步检验同时加入两个中介变量后的回归结果，即进行三次中介模型检验（见图6-2），分别为 X→M1→Y，X→M2→Y，X→M1→M2→Y。

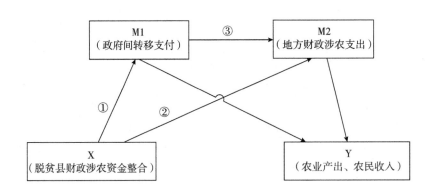

图6-2 财政涉农资金整合中介效应模型假设检验

二 数据来源

数据来源主要分为两部分：一是统计年鉴数据，与第五章相同，此处不再逐一列出；二是县域财政决算、国民经济和社会发展统计公报等公开数据，主要是山西省和湖南省的部分县财政农林水支出数据未在其省、市统计年鉴中公开，选择其政府网站公开的 2013—2018 年财政决算报表或国民经济和社会发展统计公报中的财政农林水支出数据进行填补。

第三节　实证分析与稳健性检验

一　描述性统计

主要变量描述性统计如表 6-2 所示。从中位数指标可以发现，农林水支出占财政支出的比重达到 16.7300%，中部四省县域财政涉农投入水平明显高于全国地方平均水平（10%左右），从极值指标可以发现，中部四省县域间财政涉农投入存在明显差距，财政涉农投入相对规模最小值和最大值差距有近 45 个百分点。

表 6-2　　　　　　　　　中介效应模型主要变量描述性统计

变量代码	样本量	均值	中位数	标准差	最小值	最大值
AGR	1374	3.5407	3.7350	3.9798	−32.0600	30.5200
$\ln RHI$	1374	9.1198	9.1442	0.3634	7.6944	10.2578
$\ln TP$	1374	8.3156	8.2978	0.3682	7.2752	9.9208
GEA	1374	17.0699	16.7300	4.7391	4.6400	50.4800

二　农业产出的传导效应

运用式（5-1）、式（6-1）、式（6-2）联合构建的中介模型验证 H6-1、H6-2、H6-3，即财政涉农资金整合对农业产出和农民收入的效应的传导机制是否存在中介效应或遮掩效应，回归结果如表 6-3 至表 6-7 所示，其中模型 1 为未加入控制变量的回归结果，模型 2 为加入控制变量的回归结果。表 6-3 为将 AGR 视为中介变量对农民收入传导效应的相关回归结果，即财政涉农资金整合通过提高农业产出水平对农民收入的影响。

表6-3 农业产出对农民收入的传导效应检验

变量	模型1			模型2		
	lnRHI	AGR	lnRHI	lnRHI	AGR	lnRHI
	（1）	（2）	（3）	（4）	（5）	（6）
$D_i×T$	0.0287	1.4713***	0.0265	0.0230	1.4663***	0.0220
	（0.0265）	（0.4142）	（0.0261）	（0.0257）	（0.4301）	（0.0258）
AGR			0.0015			0.0007
			（0.0033）			（0.0016）
组别固定效应	YES	YES	YES	YES	YES	YES
时间固定效应	YES	YES	YES	YES	YES	YES
控制变量	NO	NO	NO	YES	YES	YES
常数项	9.2831***	3.5326***	9.2778***	9.1988***	3.2579***	9.1966***
	（0.0122）	（0.1812）	（0.0165）	（0.0316）	（0.5297）	（0.0321）
N	1374	1374	1374	1374	1374	1374
R^2	0.520	0.016	0.521	0.581	0.021	0.581
Soble检验	$Z=0.8449$，$\mid Z\mid<0.97$，不显著			$Z=0.4260$，$\mid Z\mid<0.97$，不显著		
间接效应	间接效应不显著			间接效应不显著		

注：＊＊＊表示1%的显著性水平，括号内为稳健标准误。限于篇幅，未报告组别固定效应、时间固定效应和控制变量回归结果，完整回归结果见附录中的附表6-1。

从检验结果可以发现：财政涉农资金整合通过提高农业产出水平促进农民收入增长的直接效应和间接效应均不显著。从列（3）、列（6）可以看出，无论是否加入控制变量，AGR的系数b_1均是不显著的，进行Sobel检验发现，系数乘积a_1b_1也均是不显著的，即间接效应不显著，表明财政涉农资金整合并未通过农业发展对农民收入增长发挥显著效果，H6-1未得到验证。可能的解释是，财政涉农资金整合虽然实现了农业产出规模的扩大，但并未解决农业产业结构调整优化的问题，传统种养业占比依旧过高，农村第一、第二、第三产业融合不够，农业产业链狭窄、价值链低端，导致农民增收渠道和空间十分有限。统计数据显示，试点前后中部四省贫困地区农民收入结构中工资性收入和经营净收入贡献率下降2.49个百分点，且与中部四省平均水平的差距扩大了1.59个百分点（其中安徽省扩大了2.36个百分点）①，表明农业发展未给农民带来相应的就业收入和经营收益，农民增收的产业基础仍不牢固。

三　政府间财政关系的传导效应

（一）对农业产出的传导效应

表 6-4 为中介变量 $\ln TP$ 对农业产出传导效应的相关回归结果的回归结果，即财政涉农资金整合通过调整政府间财政关系这一途径对农业产出水平的影响。

表 6-4　　　　政府间财政关系对农业产出的传导效应检验

变量	模型 1			模型 2		
	AGR	$\ln TP$	AGR	AGR	$\ln TP$	AGR
	（1）	（2）	（3）	（4）	（5）	（6）
$D_i \times T$	1.4713***	0.0784**	1.5553***	1.4663***	0.0821***	1.5515***
	(0.4142)	(0.0331)	(0.4243)	(0.4102)	(0.0315)	(0.4202)
$\ln TP$			−1.0726*			−1.0385*
			(0.5514)			(0.5867)
组别固定效应	YES	YES	YES	YES	YES	YES
时间固定效应	YES	YES	YES	YES	YES	YES
控制变量	NO	NO	NO	YES	YES	YES
常数项	3.5326***	8.0419***	12.1581***	3.2579***	7.9243***	11.4872**
	(0.1812)	(0.0158)	(4.4168)	(0.4568)	(0.0383)	(4.7204)
N	1374	1374	1374	1374	1374	1374
R^2	0.016	0.289	0.023	0.021	0.363	0.027
Soble 检验	a_1 和 b_1 均显著，无须 Soble 检验			a_1 和 b_1 均显著，无须 Soble 检验		
间接效应	间接效应 = −0.0841，存在遮掩效应			间接效应 = −0.0853，存在遮掩效应		
效应量	0.0841/1.5553 = 5.41%			0.0853/1.5515 = 5.50%		

注：***、**、* 分别表示1%、5%和10%的显著性水平，括号内为稳健标准误。限于篇幅，未报告组别固定效应、时间固定效应和控制变量的回归结果，见附录中的附表 6-2 和附表 6-3。

---

① 数据根据《中国农村贫困检测报告》（2015—2018）和《中国统计年鉴》（2015—2018）中农村居民人均可支配收入相关数据整理而得。

由表6-4可以发现：

财政涉农资金整合通过调整 $\ln TP$ 对农业产出的直接效应和间接效应均是显著的。从表6-4中的列（2）和列（5）可以看出，无论是否加入控制变量，财政涉农资金整合对 $\ln TP$ 的影响均存在显著的正向影响，其交乘项系数表明处理组因财政涉农资金整合试点，人均转移支付收入提高了7.84%—8.21%。从列（3）和列（6）可以进一步看出，无论是否加入控制变量，$\ln TP$ 的系数均是显著的，故无须进行 Sobel 检验，同时发现间接效应和直接效应的估计系数均是相反的，即存在遮掩效应。在加入控制变量时，间接效应和直接效应的估计系数分别为 -0.0853、1.5515，遮掩效应的效应量为 5.50%，这表明财政涉农资金整合对农业产出的真实影响效果被政府间转移支付的增长而遮掩了 5.50%，这也意味着通过调整 $\ln TP$，处理组在实施财政涉农资金整合试点前后，AGR 可以较对照组提高 8.53%，H6-2 得到部分验证。一种可能的解释是，虽然转移支付是均衡地区财力的必要手段，其项目审批权适当下放也有利于发挥地方资源配置的自主性，但是 $\ln TP$ 调整的逻辑起点和前置条件是财政事权和支出责任清晰且合理地划分，在政府间财政权责尚未清晰划分的情况下[①]，仅大规模提高转移支付规模并不能有效改善政府间财政关系，甚至会带来管理幅度等效率损失，地方政府过度依赖上级转移支付会影响其资源配置的自主性和效率。

（二）对农民收入的传导效应

表6-5为中介变量 $\ln TP$ 对农民收入传导效应的相关回归结果的回归结果，即财政涉农资金整合通过调整政府间财政关系对农民收入的影响，可以发现：

财政涉农资金整合通过调整 $\ln TP$ 对农民收入的直接效应和间接效应均是显著的。从表6-5可以看出，无论是否加入控制变量，a_1 和 b_1 的系数均是显著的，故无须进行 Sobel 检验，同时发现间接效应和

[①] 国务院于2016年出台了《关于推进中央与地方财政事权和支出责任划分改革的指导意见》（国发〔2016〕49号），但涉农领域的改革方案在本书研究时间范围内仍未出台。

直接效应的估计系数均是相反的，即存在遮掩效应。在加入控制变量时，$\ln RHI$ 的间接效应估计系数为 -0.0222，直接效应估计系数分别为 0.0452，其遮掩效应的效应量达到 49.21%（未加入控制变量，遮掩效应量也达到了 45.10%）。这表明财政涉农资金整合试点对农民收入增长的真实影响效果被政府间转移支付的增长遮掩了 49.21%（遮掩程度很高，以至于总效应是不显著的），这也意味着通过调整 $\ln TP$，处理组在实施财政涉农资金整合试点前后，$\ln RHI$ 可以较对照组提高 4.52%，H6-2 得到验证。一种可能的解释是，近年来地方财政涉农资金规模持续扩张，主要依靠上级转移支付收入的支持，但在涉农领域政府间财政权责尚未得到清晰划分的情况下，简单扩大转移支付规模易带来管理幅度等效率损失问题，并不能有效改善政府间财政关系，不利于地方政府发挥信息优势引导农民主动改变贫困现状和自主选择适合当地的增收渠道。

表 6-5　　政府间财政关系对农民收入的传导效应检验

变量	模型 1			模型 2		
	$\ln RHI$	$\ln TP$	$\ln RHI$	$\ln RHI$	$\ln TP$	$\ln RHI$
	（1）	（2）	（3）	（4）	（5）	（6）
$D_i \times T$	0.0287	0.0784**	0.0522**	0.0230	0.0821***	0.0452*
	（0.0265）	（0.0331）	（0.0253）	（0.0251）	（0.0315）	（0.0241）
$\ln TP$			-0.3003***			-0.2709***
			（0.0255）			（0.0250）
组别固定效应	YES	YES	YES	YES	YES	YES
时间固定效应	YES	YES	YES	YES	YES	YES
控制变量	NO	NO	NO	YES	YES	YES
常数项	9.2831***	8.0419***	11.6978***	9.1988***	7.9243***	11.3455***
	（0.0122）	（0.0158）	（0.2051）	（0.0302）	（0.0383）	（0.2035）
N	1374	1374	1374	1374	1374	1374
R^2	0.520	0.289	0.586	0.581	0.363	0.629

变量	模型 1			模型 2		
	lnRHI	lnTP	lnRHI	lnRHI	lnTP	lnRHI
	（1）	（2）	（3）	（4）	（5）	（6）
Soble 检验	a_1 和 b_1 均显著，无须 Soble 检验			a_1 和 b_1 均显著，无须 Soble 检验		
间接效应	间接效应 = -0.0235，存在遮掩效应			间接效应 = -0.0222，存在遮掩效应		
效应量	0.0235/0.0522 = 45.10%			0.0222/0.0452 = 49.21%		

注：***、**、*分别表示1%、5%和10%的显著性水平，括号内为稳健标准误。限于篇幅，此表未报告组别固定效应、时间固定效应和控制变量的回归结果，见附录中的附表6-2和附表6-3。

四 地方财政涉农支出的传导效应

（一）对农业产出的传导效应

表6-6为中介变量 GEA 对农业产出传导效应的相关回归结果的回归结果，即财政涉农资金整合通过优化地方财政涉农支出配置这一途径对农业发展的影响，可以发现：财政涉农资金整合通过优化 GEA 对农业发展的直接效应显著，但间接效应并不显著。通过表6-6可以看出，无论是否加入控制变量，财政涉农资金整合对地方财政涉农支出配置的影响均存在显著的正向影响，其交乘项系数表明处理组因财政涉农资金整合试点，农林水支出占财政支出的比重提高了4.7个百分点。从列（4）和列（6）可以看出，无论是否加入控制变量时，AGR 的直接效应均是显著的，其估计系数在1.4538—1.4761，与总效应基本一致，但 GEA 的系数均不显著，进行 Sobel 检验发现，系数乘积 a_1b_1 也均是不显著的，即间接效应不显著，表明财政涉农资金整合未能通过优化财政涉农支出配置途径，显著促进农业发展，H6-3中关于增产效应的传导机制未得到验证。可能的解释是，简单地采取与财政支出增幅挂钩模式，盲目扩大财政涉农支出规模，并不能促进农业的发展，可能的原因是投入过程中缺乏科学的预算决策机制支撑和健全的绩效考核机制约束，财政涉农支出效果并不理想。

表 6-6　　　　地方财政涉农支出配置对农业产出的传导效应检验

变量	模型 1			模型 2		
	AGR	GEA	AGR	AGR	GEA	AGR
	(1)	(2)	(3)	(4)	(5)	(6)
$D_i \times T$	1.4713***	4.7041***	1.4761***	1.4663***	4.6976***	1.4538***
	(0.4299)	(0.4559)	(0.4464)	(0.4301)	(0.4504)	(0.2689)
GEA			0.0010			0.0027
			(0.0255)			(0.0259)
组别固定效应	YES	YES	YES	YES	YES	YES
时间固定效应	YES	YES	YES	YES	YES	YES
控制变量	NO	NO	NO	YES	YES	YES
常数项	3.5326***	15.7057***	3.5489***	3.2579***	16.3012***	3.2143***
	(0.2281)	(0.2419)	(0.4608)	(0.5297)	(0.5547)	(0.6771)
N	1374	1374	1374	1374	1374	1374
R^2	0.016	0.220	0.016	0.021	0.243	0.016
Soble 检验	$Z=0.0408$，$\mid Z \mid <0.97$，不显著			$Z=-0.1032$，$\mid Z \mid <0.97$，不显著		
间接效应	间接效应不显著			间接效应不显著		

注：***表示 1%的显著性水平，括号内为稳健标准误。限于篇幅，未报告组别固定效应、时间固定效应和控制变量的回归结果，见附录中的附表 6-2 和附表 6-4。

（二）对农民收入的传导效应

表 6-7 为将中介变量 GEA 对农民收入传导效应的相关回归结果，即财政涉农资金整合通过优化地方财政涉农支出配置对农民收入的影响，可以发现：财政涉农资金整合通过优化 GEA 对农民收入的直接效应和间接效应均是显著的。无论是否加入控制变量，GEA 的系数均是显著的，故无须进行 Sobel 检验，同时发现间接效应和直接效应的估计系数均是相反的，即存在遮掩效应。在加入控制变量时，lnRHI 的间接效应估计系数为-0.0564，直接效应的估计系数为 0.0792，遮掩效应的效应量达到 71.18%（未加入控制变量，遮掩效应量也达到了 70.25%）。这表明财政涉农资金整合对农民收入增长的真实影响效果被地方财政涉农支出相对规模的增长遮掩了71.18%（遮掩程度很高，以至于总效应是不显著的），也意味着通

过优化财政涉农支出配置，处理组在实施财政涉农资金整合试点前后，农村居民人均可支配收入可以较对照组提高 7.92%，H6-3 中关于增收效应传导机制得到验证。可能的解释是，处理组面临贫困人员尽早脱贫的考核压力，从而将大规模的财政支农资金用于贫困人口脱贫工作之中，这在短期内实现了贫困发生率的迅速下降和贫困人口收入的提高①，但在脱贫攻坚的同时不应忽视农民整个群体的持续稳定增收的问题，只有实现农民整个群体的持续稳定增收，才能真正巩固脱贫成果，确保脱贫质量，最终实现农民生活富裕，而在实践中，财政涉农支出的超规模增长极易带来财政资金的低效使用，不利于充分利用市场机制推进农业供给侧结构性改革，农民收入的普遍增长缺少特色优势的产业支撑，因此，适度规模下的支农投入绩效提升更为可取。

表 6-7   地方财政涉农支出配置对农民收入的传导效应检验

变量	模型 1			模型 2		
	$\ln RHI$	GEA	$\ln RHI$	$\ln RHI$	GEA	$\ln RHI$
	（1）	（2）	（3）	（4）	（5）	（6）
$D_i \times T$	0.0287	4.7041***	0.0971***	0.0230	4.6976***	0.0792***
	（0.0265）	（0.4559）	（0.0263）	（0.0251）	（0.4359）	（0.0253）
GEA			-0.0145***			-0.0120***
			（0.0019）			（0.0017）
组别固定效应	YES	YES	YES	YES	YES	YES
时间固定效应	YES	YES	YES	YES	YES	YES
控制变量	NO	NO	NO	YES	YES	YES
常数项	9.2831***	15.7057***	9.5115***	9.1988***	16.3012***	9.3940***
	（0.0122）	（0.2419）	（0.0334）	（0.0302）	（0.4880）	（0.0412）
N	1374	1374	1374	1374	1374	1374
R^2	0.520	0.220	0.548	0.581	0.243	0.60

① 根据《中国农村贫困检测报告》（2015—2019）数据测算，中部四省 2013—2018 年平均农村贫困发生率由 9.35% 下降至 1.93%，农村贫困人口由 2018 万人下降至 414 万人，减贫成果显著。

续表

变量	模型 1			模型 2		
	ln*RHI*	*GEA*	ln*RHI*	ln*RHI*	*GEA*	ln*RHI*
	（1）	（2）	（3）	（4）	（5）	（6）
Soble 检验	a_1 和 b_1 均显著，无须 Soble 检验			a_1 和 b_1 均显著，无须 Soble 检验		
间接效应	间接效应=-0.0682，存在遮掩效应			间接效应=-0.0564，存在遮掩效应		
效应量	0.0682/0.0971=70.25%			0.0564/0.0792=71.18%		

注：*** 表示1%的显著性水平，括号内为稳健标准误。限于篇幅，未报告组别固定效应、时间固定效应和控制变量的回归结果，见附录中的附表6-2和附表6-4。

为了更全面地检验中介效应，需要进一步检验同时加入两个中介变量后的回归结果，即进行 X→M1→M2→Y 中介模型检验。具体检验结果如表6-8和表6-9所示。

表6-8　　　　政府间财政关系和地方财政涉农支出配置
对农业产出的传导效应检验

变量	模型 1				模型 2			
	AGR	ln*TP*	*GEA*	*AGR*	*AGR*	ln*TP*	*GEA*	*AGR*
	（1）	（2）	（3）	（4）	（5）	（6）	（7）	（8）
$D_i×T$	1.4713***	0.0784**	4.7041***	1.4293***	1.4617***	0.0821***	4.6976***	1.4215***
	(0.4142)	(0.0331)	(0.4559)	(0.4202)	(0.4133)	(0.0315)	(0.4504)	(0.4175)
ln*TP*				-1.2039**				-1.1765*
				(0.5709)				(0.6061)
GEA				0.0290				0.0101
				(0.0306)				(0.0126)
组别固定效应	YES	YES	YES	YES	YES	YES	YES	YES
时间固定效应	YES	YES	YES	YES	YES	YES	YES	YES
控制变量	NO	NO	NO	NO	YES	YES	YES	YES
常数项	3.5326***	8.0419***	15.7057***	12.7594***	3.5229***	7.9243***	16.3012***	12.0903**
	(0.1812)	(0.0158)	(0.2419)	(4.4699)	(0.1825)	(0.0383)	(0.5547)	(4.7825)

续表

变量	模型1				模型2			
	AGR	ln*TP*	*GEA*	*AGR*	*AGR*	ln*TP*	*GEA*	*AGR*
	(1)	(2)	(3)	(4)	(5)	(6)	(7)	(8)
N	1374	1374	1374	1374	1374	1374	1374	1374
R²	0.016	0.289	0.220	0.024	0.019	0.363	0.243	0.028
Soble检验	仅*GEA*需要进行Soble检验，结果不显著				仅*GEA*需要进行Soble检验，结果不显著			
间接效应	ln*TP*间接效应=-0.0944，存在遮掩效应				ln*TP*间接效应=-0.0966，存在遮掩效应			
效应量	ln*TP*效应量=0.0944/1.4293=6.60%				ln*TP*效应量=0.0966/1.4215=6.80%			

注：***、**、*分别表示1%、5%和10%的显著性水平，括号内为稳健标准误。限于篇幅，未报告组别固定效应、时间固定效应和控制变量的回归结果，见附录中的附表6-2和附表6-5。

表6-9　　政府间财政关系和地方财政涉农支出配置
对农民收入的传导效应检验

变量	模型1				模型2			
	ln*RHI*	ln*TP*	*GEA*	ln*RHI*	ln*RHI*	ln*TP*	*GEA*	ln*RHI*
	(1)	(2)	(3)	(4)	(5)	(6)	(7)	(8)
$D_i×T$	0.0287	0.0784**	4.7041***	0.0868***	0.0230	0.0821***	4.6976***	0.0726***
	(0.0265)	(0.0331)	(0.4559)	(0.0252)	(0.0251)	(0.0315)	(0.4504)	(0.0243)
ln*TP*				-0.2642***				-0.2418***
				(0.0262)				(0.0258)
GEA				-0.0080***				-0.0063***
				(0.0018)				(0.0016)
组别固定效应	YES	YES	YES	YES	YES	YES	YES	YES
时间固定效应	YES	YES	YES	YES	YES	YES	YES	YES
控制变量	NO	NO	NO	NO	YES	YES	YES	YES
常数项	9.2831***	8.0419***	15.7057***	11.5327***	9.1988***	7.9243***	16.3012***	11.2184***
	(0.0122)	(0.0158)	(0.2419)	(0.2026)	(0.0302)	(0.0383)	(0.5547)	(0.2026)

续表

变量	模型 1				模型 2			
	ln*RHI*	ln*TP*	*GEA*	ln*RHI*	ln*RHI*	ln*TP*	*GEA*	ln*RHI*
	(1)	(2)	(3)	(4)	(5)	(6)	(7)	(8)
N	1374	1374	1374	1374	1374	1374	1374	1374
R^2	0.520	0.289	0.220	0.594	0.581	0.363	0.243	0.634
Soble 检验	a_1 和 b_1 均显著,无须进行 Soble 检验				a_1 和 b_1 均显著,无须进行 Soble 检验			
间接效应	ln*TP* 和 *GEA* 的间接效应分别为−0.0207、−0.0376,均存在遮掩效应				ln*TP* 和 *GEA* 的间接效应分别为−0.0199、−0.0296,均存在遮掩效应			
效应量	ln*TP* 和 *GEA* 的效应量分别为23.86%、43.36%				ln*TP* 和 *GEA* 的效应量分别为27.34%、40.76%			

注:***、**分别表示1%、5%的显著性水平,括号内为稳健标准误。限于篇幅,未报告组别固定效应、时间固定效应和控制变量的回归结果,见附录中的附表6-2和附表6-5。

第一,考察同时加入 ln*TP* 和 *GEA* 两个中介变量后,财政涉农资金整合对农业产出的影响。从表6-8可以看出,无论是否加入控制变量,交乘项和两个中介变量的系数显著性均与逐一加入中介变量的检验结果是一致的,即 *GEA* 间接效应不显著,ln*TP* 间接效应显著且存在遮掩效应,在加入控制变量后,效应量达到6.80%,表明财政涉农资金整合对农业产出的真实影响效果被政府间转移支付的增长而遮掩了6.80%,H6-2的增产效应传导机制得到进一步验证。

第二,考察同时加入 ln*TP* 和 *GEA* 两个中介变量后,财政涉农资金整合对农民收入的影响。从表6-9可以看出,无论是否加入控制变量,交乘项和两个中介变量的系数显著性均与逐一加入中介变量的检验结果是一致的,即 ln*TP* 和 *GEA* 的间接效应均是显著的,且均存在遮掩效应,在加入控制变量后,效应量分别达到27.34%、40.76%,表明财政涉农资金整合对农民收入的真实影响效果分别被政府间转移支付和地方财政涉农支出的增长而遮掩了27.34%、40.76%,H6-2和H6-3的增收效应传导机制得到进一步验证。

五　稳健性检验

（一）共同趋势假设检验

本书第五章已经对处理组和对照组的农业产出水平和农民收入增长进行过共同趋势假设检验，本部分将在检验处理组和对照组的 $\ln TP$ 和 GEA 共同趋势假设的基础上，进一步检验分别加入以上两个中介变量后处理组和对照组的农业产出水平和农民收入增长的共同趋势假设。本书参照 Mora 和 Reggio（2015）的做法，进行共同趋势假设检验，检验结果如表 6-10 所示。可以看出，无论是否加入控制变量，所有检验结果的 P 值均大于 0.1，均无法拒绝原假设，即处理组和对照组的 $\ln TP$、GEA、AGR 和 $\ln RHI$ 在政策冲击之前均不存在非共同趋势差异。

表 6-10　　　　　　　　　　共同趋势假设检验结果

All q	$\ln TP$		AGR		$\ln RHI$	
	All$s$	H0：$s=s-1$	All$s$	H0：$s=s-1$	All$s$	H0：$s=s-1$
未加入控制变量	0.0784	1.7113	1.5133	0.7799	0.0598	1.3975
	（0.0317）	［0.4250］	（0.4167）	［0.6771］	（0.0233）	［0.4972］
加入控制变量	0.0802	2.0683	1.5128	0.9347	0.0517	1.6985
	（0.0300）	［0.3555］	（0.4131）	［0.6267］	（0.0220）	［0.4277］

注：括号内为稳健标准误，中括号内为 P 值。加入 GEA 中介变量，AGR 和 $\ln RHI$ 检验结果的 P 值均大于 0.1，限于篇幅，未在此处报告，见附录中的附表 6-6。

（二）稳健性检验

为检验回归结果的稳健性，在这里同样采取第五章的安慰剂检验做法，即假想财政涉农资金整合的政策冲击时间统一提前 1 年或 2 年，通过重新估计回归模型来检验之前结果的稳健性，若估计结果仍然显著，则表明之前回归结果是不稳健的，政策效应可能还来自其他政策或随机性因素的影响；若估计结果不显著，则表明政策效应来自财政涉农资金整合的实施，具体结果如表 6-11 所示。

表 6-11　　　　　　　中介效应模型的安慰剂检验结果

变量	lnTP		AGR		lnRHI	
	Before1	Before2	Before1	Before2	Before1	Before2
	(1)	(2)	(3)	(4)	(5)	(6)
$D_i×T$	0.0578	0.0560	0.5204	−0.1205	0.0391	0.0273
	−0.0321	−0.0408	(0.4058)	(0.4965)	(0.0251)	(0.0314)
lnTP			−0.2993	−0.6780	−0.2758***	−0.1789***
			(0.5224)	(0.4896)	(0.0257)	(0.0268)
组别固定效应	YES	YES	YES	YES	YES	YES
时间固定效应	YES	YES	YES	YES	YES	YES
控制变量	YES	YES	YES	YES	YES	YES
常数项	7.8861***	7.8066***	5.6187	8.3154**	11.3505***	10.4916***
	−0.0389	−0.0443	(4.1337)	(3.8583)	(0.2084)	(0.2145)
N	1374	1374	1374	1374	1374	1374
R^2	0.378	0.311	0.023	0.016	0.616	0.555

注：***、**分别表示 1%、5%的显著性水平，括号内为稳健标准误。限于篇幅原因，此表也未报告组别固定效应、时间固定效应和控制变量的检验结果，见附录中的附表 6-7；加入 GEA 中介变量，AGR 和 lnRHI 的回归结果在 Before1 和 Before2 模型下均是不显著，见附录中的附表 6-8。

可以看出，无论假想贫困县财政涉农资金试点政策提前 1 年还是提前 2 年即在 Before1 和 Before2 模型下，AGR 和 lnRHI 检验结果均不显著，表明增产效应和增收效应是来自财政涉农资金整合。

为进一步检验考察财政涉农资金整合对农业的增收效应以及中介变量的传导效应是否显著，在这里同样采取第五章的稳健性检验方法，即通过变量替换、样本数据处理、时间段处理等方法进行稳健性检验，检验结果如表 6-12、表 6-13、表 6-14 所示。

表 6-12　　　中介效应模型的稳健性检验结果（变量替换）

变量	UIG		
	(1)	(2)	(3)
$D_i×T$	−0.0636	−0.1384**	−0.1647***
	(0.0576)	(0.0560)	(0.0596)

续表

变量	UIG		
	（1）	（2）	（3）
AGR	−0.0088		
	(0.0083)		
lnTP		0.7530***	
		(0.0755)	
GEA			0.0188***
			(0.0049)
组别固定效应	YES	YES	YES
时间固定效应	YES	YES	YES
控制变量	YES	YES	YES
常数项	1.9347***	−4.0609***	1.6000***
	(0.0657)	(0.6026)	(0.1016)
N	1374	1374	1374
R^2	0.406	0.488	0.415
间接效应		0.0618	0.0883
效应量		0.4467	0.5362

注：***、**分别表示1%、5%的显著性水平，括号内为稳健标准误。限于篇幅，此表未列出结合表6-8和本表数据进行间接效应及其效应量的计算过程；同时，未报告组别固定效应、时间固定效应和控制变量回归结果，完整回归结果见附录中的附表6-9。

表6-13　　　　中介效应模型的稳健性检验结果（样本处理）

变量	lnTP	AGR	lnRHI
	（1）	（2）	（3）
$D_i×T$	0.0764**	1.1783***	0.0459*
	(0.0327)	(0.3792)	(0.0251)
lnTP		−0.9625*	−0.2501***
		(0.5787)	(0.0275)
组别固定效应	YES	YES	YES
时间固定效应	YES	YES	YES
控制变量	YES	YES	YES

续表

变量	lnTP （1）	AGR （2）	lnRHI （3）
常数项	7.9057*** （0.0391）	11.0658** （4.6657）	11.1784*** （0.2235）
N	1230	1230	1230
R^2	0.347	0.022	0.616
间接效应		-0.0735	-0.0191
效应量		0.0624	0.4163

注：***、**、*分别表示1%、5%和10%的显著性水平，括号内为稳健标准误。限于篇幅，此表未列出进行间接效应及其效应量的计算过程；同时，未报告组别固定效应、时间固定效应和控制变量的检验结果，见附录中的附表6-10；加入 GEA 中介变量后，AGR 和 lnRHI 的回归结果均是显著的，见附录中的附表6-11。

表6-14　　中介效应模型的稳健性检验结果（时段处理）

变量	lnTP （1）	AGR （2）	lnRHI （3）
$D_i \times T$	0.0799** （0.0343）	1.9931*** （0.5028）	0.0447* （0.0264）
lnTP		-1.3220** （0.6678）	-0.2846*** （0.0270）
组别固定效应	YES	YES	YES
时间固定效应	YES	YES	YES
控制变量	YES	YES	YES
常数项	7.9661*** （0.0444）	14.0828*** （5.3821）	11.5044*** （0.2223）
N	1145	1145	1145
R^2	0.337	0.034	0.627
间接效应		-0.1056	-0.0227
效应量		0.0530	0.5087

注：***、**、*分别表示1%、5%和10%的显著性水平，括号内为稳健标准误。限于篇幅，此表未列出进行间接效应及其效应量的计算过程；同时，未报告组别固定效应、时间固定效应和控制变量的检验结果，见附录中的附表6-12；加入 GEA 中介变量，AGR 和 lnRHI 的回归结果均是显著的，见附录中的附表6-13。

第一，变量替换方法。采取与第五章同样的做法，使用 *UIG* 替换 ln*RHI*，回归结果如表 6-12 所示。可以看出，加入 *AGR* 中介变量，*UIG* 的交乘项系数是不显著的，表明农业发展对城乡收入差距的改善并未发挥显著效果，财政涉农资金整合未能通过提高农业产出水平促进农民的相对增收；加入 ln*TP* 或者 *GEA*，*UIG* 的交乘项系数均是显著的，且间接效应和直接效应的估计系数是相反的，即存在遮掩效应，遮掩效应的效应量分别达到 0.4467、0.5362，这表明财政涉农资金整合对城乡收入差距改善的真实影响效果分别被政府间转移支付和地方财政涉农支出的增长遮掩了 44.67%、53.62%，这也意味着通过调整 ln*TP* 或者 *GEA*，处理组的城乡收入差距在实施财政涉农资金整合前后，可以较对照组缩小 0.1384—0.1647 个百分点，即财政涉农资金整合能够通过调整政府间财政关系或者优化地方财政涉农支出配置促进农民的相对增收。因此，变量替换后，中介效应检验的相关回归结果在显著性和间接效应判断上与原回归结果均是一致的，即原回归结果的稳健性得到了证实。

第二，样本数据处理方法。为了克服样本极端值影响，与第五章同样做法，按照被解释变量 *AGR* 的年度均值排序后，将前 5% 和后 5% 各 12 个县予以删除，得到剩余 205 个县 1230 个观测样本，回归结果如表 6-13 所示。可以看出，加入中介变量 ln*TP* 后，三个被解释变量交叉项系数的显著性和符号与原回归结果均是一致的，其中增收效应大小基本一致，增产效应略小，仍达到 1.1783 个百分点；同时，中介变量 ln*TP* 回归系数的显著性和符号与原回归结果也是一致的，对三个被解释变量均存在遮掩效应，其中对 *AGR* 的遮掩效应略高，效应量为 6.24%，对 ln*RHI* 的遮掩效应略低，效应量为 41.63%，但总体来看，遮掩效应量差异不大，进一步证实了原回归结果的稳健性。

第三，时段处理方法。为克服样本选取时间区间的影响，本书选择分别去除起始年份 2013 年样本和结束年份 2018 年样本两种方式，得到 2014—2018 和 2013—2017 年两份观测样本数据，样本量均为 1145 个，其中 2014—2018 年样本的回归结果如表 6-14 所示。可以看出，加入 ln*TP* 中介变量，三个被解释变量交叉项系数的显著性和

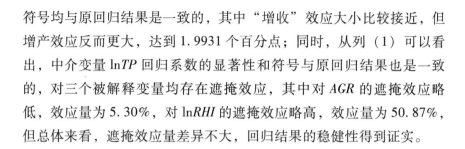

符号均与原回归结果是一致的，其中"增收"效应大小比较接近，但增产效应反而更大，达到 1.9931 个百分点；同时，从列（1）可以看出，中介变量 lnTP 回归系数的显著性和符号与原回归结果也是一致的，对三个被解释变量均存在遮掩效应，其中对 AGR 的遮掩效应略低，效应量为 5.30%，对 lnRHI 的遮掩效应略高，效应量为 50.87%，但总体来看，遮掩效应量差异不大，回归结果的稳健性得到证实。

第四节　本章小结

本章基于 2013—2018 年中部四省 229 个县域面板数据，在双重差分回归模型的基础上引入中介效应模型，实证检验了财政涉农资金整合对农业产出和农民收入影响的传导机制，研究发现：

第一，财政涉农资金整合通过提高 AGR 促进 lnRHI 的直接效应和间接效应均不显著。将 AGR 视为中介变量加入模型，lnRHI 的交乘项系数是不显著的，表明财政涉农资金整合未能通过提高 AGR 对 lnRHI 发挥显著的效果，农民增收的产业基础仍不牢固。

第二，财政涉农资金整合通过调整 lnTP 对 AGR 和 lnRHI 的直接效应和间接效应均是显著的。政府间转移支付的增长表现为遮掩效应而非中介效应，财政涉农资金整合对 AGR 的真实影响效果（1.5515）被遮掩了 5.50%，对 lnRHI 的真实影响效果被政府间转移支付的增长分别遮掩了 49.21%，意味着通过调整 lnTP，处理组在实施财政涉农资金整合前后较对照组，人均农业总产值增长率可以提高 8.53%，农村居民人均可支配收入可以提高 4.52%。

第三，财政涉农资金整合通过地方财政涉农支出配置促进 AGR 的间接效应并不显著，但对于 lnRHI 的直接效应和间接效应均是显著的，财政涉农资金整合对 lnRHI 的真实影响效果（0.0792）分别被 GEA 的增长遮掩了 71.18%，意味着通过优化财政涉农支出配置，处理组在实施财政涉农资金整合前后较对照组，农村居民人均可支配收入可以提高 7.92%。

第七章

结论与政策建议

第一节　主要结论

一　财政涉农资金整合实施情况分析的研究结论

第一，财政涉农资金总体规模庞大且保持增长态势，2008—2012年保持 20% 以上的高速增长态势，但难以持续，其后迅速下滑至 10% 左右甚至以下（2015 年除外），呈现较为明显的回落趋势。

第二，地方政府在涉农领域对中央转移支付的依赖程度相对更高，2011—2019 年虽然下降了 15.53 个百分点，但仍然达到 40.88%，高出转移支付整体水平 7.58 个百分点，这也意味着涉农领域财政分权程度相对更低。

第三，通过湖南省和安徽省两个不同类型贫困县的案例分析发现：国家扶贫重点县和连片特困地区县财政涉农资金整合的相对规模和中央资金占比均高于省级扶贫重点县，但均表现出大幅提高基础设施建设的结构变化趋势，两个贫困县虽然均建立了脱贫攻坚项目库管理制度，且编制了绩效目标，但普遍存在项目库资金缺口过大、绩效管理链条不全等问题。

二　财政涉农资金整合效应实证分析的研究结论

第一，财政涉农资金整合能够显著提高农业产出水平，产生增产效应，处理组所在县的人均农业总产值增长率较对照组可提高 1.4713

个百分点。

第二，不同类别的贫困县产生的增产效应存在明显差异，国家扶贫重点县最高，高达 2.5470 个百分点，连片特困地区县次之，达到 1.2242 个百分点，省级扶贫重点县最低，但仍达到 1.0406 个百分点。

第三，财政涉农资金整合未能直接促进农民收入的增长，即直接的增收效应并不显著。

三 财政涉农资金整合效应传导机制实证分析的研究结论

第一，财政涉农资金整合未能通过提高农业产出水平显著促进农民收入的增长，农民增收的产业基础仍不牢固。

第二，政府间转移支付和地方财政涉农支出的增长表现为遮掩效应而非中介效应，增产效应被政府间转移支付的增长遮掩了 5.50%，增收效应被地方财政涉农支出相对规模的增长遮掩了 71.18%，仅大幅提高转移支付规模并不能有效改善政府间财政关系，甚至会带来管理幅度等效率损失，适度规模下的转移支付结构优化和涉农投入绩效提升更为可取。

第二节 政策建议

一 中央政府层面

（一）加快涉农领域财政事权和支出责任的合理划分

财政事权的合理划分是现代财政制度有效运转的基础和支撑，是理顺政府间财政关系的逻辑起点和前置条件，有利于正确处理政府与市场及政府之间的关系，充分发挥市场在资源配置中的决定性作用，更好地发挥政府作用。在合理划分财政事权的基础上，按照"谁的财政事权谁承担支出责任"的原则，确定各级政府支出责任，从而实现支出责任与财政事权相适应。虽然，中国自 1994 年开始实行分税制财政管理体制，但受客观条件制约，改革主要是针对中央与地方收入划分，事权和支出责任划分只做了一些局部调整，直到 2016 年，国务院才第一次比较系统地提出推进财政事权和支出责任划分改革，随后相继出台了医疗卫生、科技、教育、交通运输、生态环境、自然资源、知识产权等领域的中央与地方财政事权和支出责任划分改革方案，但其中只涉及了农村公路、农业农村污染防治、耕地和永久基本农田保护监管等少量涉农事项，涉农领域的改革方案至今尚未出台。为此，需要按照受益范围、兼顾政府职能和行政效率的原则，尽快以法律和行政法规的形式，明确政府涉农事权范围和职责清单，合理划分涉农领域中央与地方财政事权和支出责任，推动政府公共权力纵向配置的法治化和规范化进程，为建设现代财政制度和推进农业农村现代化奠定坚实基础。

（二）深化中央对地方转移支付制度改革

由于中国幅员辽阔、资源禀赋区域差异大，各地经济社会发展水平存在显著差距，相应的财政状况也有明显差异，即使政府间财政事权和支出责任划分清楚，各地的财力配置也未必能够全部到位，如果不加以解决，不仅难以保障政府有效履职和政策落地执行，还可能进一步加剧地区差距，对此中国在1994年实行分税制财政管理体制以后逐步建立了财政转移支付制度，不断加大对中西部后发地区、农业农村等重点领域的支持力度，但受政府间权责划分不清晰和相关制度建设滞后的影响，财政转移支付结构不够合理，专项转移支付项目种类过多、分配不够科学，即使在一般性转移支付中也有相当数量的资金被指定用途，地方依然无法统筹使用。以上相关问题在涉农领域普遍存在其至更为严重，本书研究显示，仅大幅提高转移支付规模不利于提升财政涉农资金整合效果，为此不能仅从涉农领域入手，必须整体推进中央对地方转移支付制度的深化改革。一是加强转移支付制度改革与财政事权和支出责任划分改革的匹配衔接，促进中央和地方财力配置与权责划分相适应。二是加快税制改革进程，合理划分中央和地方收入，从根本上为深化转移支付改革奠定基础和创造条件。三是健全专项转移支付评估退出机制，专项转移支付的设置必须符合财政权责划分、政府职能转变和市场化改革等要求，同时应对其在实施期限内政策目标完成情况进行定期评估，根据评估结果进行取消、调整、整合等相应处理。

（三）推进财政涉农资金的实质整合

研究显示，财政涉农资金整合政策具有显著的增产效应，然而在脱贫攻坚时期和过渡期，一直未突破贫困县区域，随着贫困县陆续退出和脱贫过渡期的结束，这一以项目审批权限下放为核心的"刀刃内向"的自我革命能否继续以更大力度向纵深推进，关系到能否巩固拓展脱贫攻坚成果和有效解决相对贫困的问题，因此，必须从常态化、制度化推进财政涉农资金的实质整合。一是结合涉农领域财政权责划分和转移支付制度改革，从预算编制的源头环节上加大中央各类涉农资金项目的清理、整合力度，最大限度地减少交叉重复、多头管理问题。二是中央涉农项目实行"大专项+任务清单"管理模式，中央部门主要通过制定任务清单方式进行指导，推进财政涉农资金的实质整合，赋予地方政府更大的涉农资金使用自主权，充分发挥其在乡村产业振兴中的实施主体作用。

二　地方政府层面

（一）推动地方涉农部门职责的分工协调

中央政府负责财政事权和支出责任的确认和划分，地方政府需要在中央授权范围内履行相应的财政事权和支出责任，具体则需要地方各级政府部门按照职责分工协作落地执行，研究显示，地方各级扶贫开发领导小组同意领导贫困县财政涉农资金的整合工作，同时出台扶贫开发领导小组工作规则等制度性文件，改变各涉农部门职责分工不清与协调配合低效的局面，是机构改革之外的另一种有效方式，但从根本上仍需要通过进一步深化机构改革和部门职能整合，推动地方涉农部门间职责分工协调。一是加快机构改革后部门内部的配套制度建设。2018 年启动的国家机构改革，组建了农业农村部，成立了国家乡村振兴局，承担扶贫开发办的职能；2023 年新发布的《党和国家机构改革方案》又进一步优化了农业农村部职责，不再保留单设的国家乡村振兴局，将国家乡村振兴局相关职责划入农业农村部。但机构改革既不会一蹴而就，也不会一劳永逸，相关配套制度和内部工作运行机制仍需加快建立和完善，地方各级农业农村部门需要对整合进来的涉农职责进一步完善工作机制，避免部门内部二次交叉重复，真正打破体制梗阻，形成内部合力，促进涉农资源的合理配置。二是充分发挥各级党委农业农村委员会或农村工作领导小组的议事协调作用，带动地方各级涉农部门统筹推进"三农"工作。2018 年机构改革中各地党委机构改革更值得关注，具体到涉农领域，一部分成立了党委农业农村委员会，另一部分仍然沿用原来的农村工作领导小组名称，但都属于党委的议事协调机构，议事协调机构不仅可以有效整合扶贫开发领导小组相关职能，还可以在农业供给侧结构性改革和财政涉农资金整合等重大改革中发挥作用，未来需要进一步完善相关制度规章和工作细则，为高效地推动地方涉农部门职责的分工协调提供制度保障。

（二）深化地方各级政府预算管理制度改革

研究显示，简单地采取与财政支出增幅挂钩的模式，盲目地扩大财政涉农支出规模，不利于提升财政涉农资金整合效果，其背后有财政涉农支出结构不合理、资金使用效益低下的原因，但更深层次的原因是地方预算管理制度改革尚不到位，普遍落后于中央改革进度，尤其是县级政府层面更为严重，为此必须从整体上对地方预算管理制度进行深化改革。一是全面实施预算绩效管理，为财政涉农资金的合理配置提供可靠的数据支撑。没有清晰的绩效目标和客观的评价指标数据作为支撑，便难以进行支出项目的优先性排序，从而无法完成预算资金的配置，必须将绩效理念和绩效方法嵌入预算管理的全过程，加快提高事前绩效评估、绩效目标设定、指标体系建设、绩效运行监控、绩效结果评价和评价结果应用全过程各环节的技术管理水平，最终形成统一的法律制度与完备的实施细则，为全面实施预算绩效管理提供充分的法律依据和完善的技术支撑。二是积极稳妥有序推进预算信息的过程及结果的全面公开。阳光是最好的防腐剂，公开则是最好的监督，地方各级政府应当推进部门预算公开信息的进一步细化，积极稳妥有序推进预算过程公开，重点是确定部门预算支出的详细依据、具体测算与决策过程，为打破固化的部门利益格局提供倒逼动力，减轻地方财政涉农资金整合过程中的部门阻力。三是落实财政监督职责，着力强化人大审查监督职能。应以合规管理与绩效管理并重，前者应通过强化人大预算审查监督职能，发挥人大对部门支出项目预算编制、预算审批和预算执行等环节合规性的强力约束，确保预算的法定效力；后者则应依托预算绩效的全过程管理，做好重要绩效目标和绩效评价结果的部门反馈与人大报送，落实好财政监督职责。

（三）支持农村第一、第二、第三产业高质量融合发展

研究显示，农业产出对农民收入增长并未发挥应有效果，主要原因是农村产业结构不合理，更具有增值收益的第二、第三产业参与不足，对此，地方政府尤其是县级政府需要发挥好引导作用，不断创新扶持方式，积极引导多类型、多元化的市场主体参与到农业农村建设中，推进农村产业高质量融合发展。一是进一步深化农村集体产权制度和基本经营制度改革，加快建立农村集体经营性建设用地入市制度。市场经济基础性制度和要素配置机制的不健全、不完善是农村产业融合发展的重要障碍，地方政府应在中央部署安排下因地制宜地深化农村制度改革，更好地发挥土地这一重要市场要素在农村产业融合发展中的作用。二是不断创新扶持方式，积极引导资金、技术、人才等要素向农村产业融合集聚。地方政府应通过产业引导基金、贷款贴息、资产入股等多种方式支持农村第一、第二、第三产业加快融合发展，发挥新型农业经营主体在产业融合中的带动作用，鼓励其与小农户建立利益联结与分享机制，为农民增收致富提供坚实的产业支撑和制度保障。

三 配套政策层面

应以新一轮财税体制改革为契机，加快推进财政转移支付、预算绩效管理等领域的立法进程。当前，一般性转移支付中除了"均衡性转移支付"，其他在资金用途上都有限制，与理论上的无条件转移支付存在差距（吕冰洋，2022）。下一步应加快推动修改《中华人民共和国预算法》，将共同财政事权转移支付单独作为一类管理，并加快研究制定财政转移支付条例等配套法规，对转移支付的功能定位、分类体系、设立程序、分配管理、退出机制等作出全面系统的规定。同时，财政部在2020年立法工作安排中明确提出对

预算绩效管理等领域开展立法研究，然而当前仍未有实质性进展，为此，应加快预算绩效管理等领域的立法进度，为提高财政资源配置效率和使用效益以及更好发挥财政治理作用提供有力的法制保障。

附　录

第五章附录

第五章在实证分析不同类型贫困县财政涉农资金整合对农业产出和农民收入的差异影响时，回归结果未报告组别固定效应、时间固定效应和控制变量的回归结果，完整回归结果如下。

（1）对 *AGR* 影响的完整回归结果如附表5-1所示。

附表 5-1　　　　　不同类型贫困县财政涉农资金整合对
农业产出的差异影响

变量	模型 1				模型 2			
	*AGR*1	*AGR*2	*AGR*3	*AGR*4	*AGR*1	*AGR*2	*AGR*3	*AGR*4
	（1）	（2）	（3）	（4）	（5）	（6）	（7）	（8）
$D_i \times T$	1.6476 ***	1.0328 *	1.2832 ***	2.5248 **	1.6550 ***	1.0406 *	1.2242 **	2.5470 **
	(0.4797)	(0.5567)	(0.4840)	(0.9814)	(0.4735)	(0.5553)	(0.4752)	(0.9925)
组别固定效应	−0.7884 ***	−0.7884 ***	−0.7884 ***	−0.7884 ***	−0.7910 ***	−0.5816 **	−0.6522 **	−0.8309 ***
	(0.2664)	(0.2666)	(0.2665)	(0.2667)	(0.2890)	(0.2764)	(0.2794)	(0.2968)
时间固定效应	−0.7884 ***	−0.7884 ***	−0.7884 ***	−0.7884 ***	−0.7910 ***	−0.5816 **	−0.6522 **	−0.8309 ***
	(0.2664)	(0.2666)	(0.2665)	(0.2667)	(0.2890)	(0.2764)	(0.2794)	(0.2968)
UR					0.0118	−0.0042	0.0009	0.0188
					(0.0145)	(0.0130)	(0.0110)	(0.0180)
GRE					0.0040	−0.0049	0.0031	0.0170
					(0.0282)	(0.0572)	(0.0346)	(0.0410)
PAM					0.0140	0.0667 *	0.0574 *	0.0159
					(0.0259)	(0.0357)	(0.0299)	(0.0360)
LAU					0.0313	0.0525 **	0.0372	0.0315
					(0.0229)	(0.0225)	(0.0245)	(0.0238)

续表

变量	模型 1				模型 2			
	AGR1	AGR2	AGR3	AGR4	AGR1	AGR2	AGR3	AGR4
	（1）	（2）	（3）	（4）	（5）	（6）	（7）	（8）
MA					0.0184	-0.6545**	-0.0640	0.1131
					(0.2414)	(0.3239)	(0.2232)	(0.4212)
MC					-0.4173	0.1217	-0.2323	-0.1395
					(0.3049)	(0.2866)	(0.3144)	(0.3400)
常数项	3.5326***	3.5326***	3.5326***	3.5326***	3.0862***	2.9763***	2.9376***	2.7281***
	(0.1813)	(0.1814)	(0.1813)	(0.1814)	(0.4912)	(0.5709)	(0.4155)	(0.6415)
N	1152	822	990	762	1152	822	990	762
R^2	0.017	0.022	0.014	0.028	0.022	0.038	0.023	0.033

注：***、**、*分别表示 1%、5% 和 10% 的显著性水平，括号内为稳健标准误；下同。

（2）对 lnRHI 影响的完整回归结果如附表 5-2 所示。

附表 5-2　　　　不同类型贫困县财政涉农资金整合
对农民收入的差异影响

变量	模型 1				模型 2			
	lnRHI1	lnRHI2	lnRHI3	lnRHI4	lnRHI1	lnRHI2	lnRHI3	lnRHI4
	（1）	（2）	（3）	（4）	（5）	（6）	（7）	（8）
$D_i \times T$	0.0347	0.0137	0.0362	0.0311	0.0214	0.0279	-0.0584	0.0469
	(0.0301)	(0.0343)	(0.0348)	(0.0444)	(0.0280)	(0.0330)	(0.0887)	(0.0342)
组别固定效应	-0.5361***	-0.3782***	-0.5157***	-0.5852***	-0.4859***	-0.3487***	-0.4547***	-0.5522***
	(0.0213)	(0.0241)	(0.0247)	(0.0311)	(0.0208)	(0.0236)	(0.0245)	(0.0248)
时间固定效应	0.2101***	0.2101***	0.2101***	0.2101***	0.2443***	0.2179***	0.2331***	0.2340***
	(0.0172)	(0.0172)	(0.0172)	(0.0172)	(0.0183)	(0.0178)	(0.0185)	(0.0178)
UR					-0.0016**	0.0017*	0.0002	-0.0004
					(0.0008)	(0.0009)	(0.0009)	(0.0008)
GRE					-0.0017	0	-0.0034**	-0.0003
					(0.0013)	(0.0018)	(0.0015)	(0.0013)
PAM					0.0158***	0.0135***	0.0169***	0.0149***
					(0.0017)	(0.0020)	(0.0019)	(0.0017)

变量	模型 1				模型 2			
	lnRHI1	lnRHI2	lnRHI3	lnRHI4	lnRHI1	lnRHI2	lnRHI3	lnRHI4
	（1）	（2）	（3）	（4）	（5）	（6）	（7）	（8）
IAU					0.0019	0.0006	0.0015	0.0010
					(0.0012)	(0.0011)	(0.0013)	(0.0011)
MA					−0.1177 ***	−0.0866 ***	−0.0684 ***	−0.1973 ***
					(0.0143)	(0.0163)	(0.0153)	(0.0177)
MC					−0.0958 ***	−0.0304 *	−0.0924 ***	−0.0250
					(0.0192)	(0.0181)	(0.0210)	(0.0187)
常数项	9.2831 ***	9.2831 ***	9.2831 ***	9.2831 ***	9.2076 ***	9.0950 ***	9.1248 ***	9.1657 ***
	(0.0122)	(0.0122)	(0.0122)	(0.0122)	(0.0325)	(0.0415)	(0.0356)	(0.0389)
N	1152	822	990	762	1152	822	990	762
R^2	0.559	0.459	0.537	0.573	0.616	0.504	0.589	0.647

注：***、**、*分别表示 1%、5% 和 10% 的显著性水平，括号内为稳健标准误。

第五章双重差分模型的稳健性部分，未报告组别固定效应、时间固定效应和控制变量的检验结果，完整检验结果如下。

（1）安慰剂检验的完整回归结果如附表 5-3 所示。

附表 5-3　　　　　　双重差分模型的安慰剂检验结果

变量	AGR	lnRHI	AGR	lnRHI
	（1）	（2）	（3）	（4）
Before1	0.4696	0.0248		
	(0.4098)	(0.0267)		
Before2			−0.1713	0.0166
			(0.4976)	(0.0333)
组别固定效应	0.4514	−0.4430 ***	0.9102 **	−0.4409 ***
	(0.3010)	(0.0215)	(0.4269)	(0.0299)
时间固定效应	−1.0158 ***	0.2299 ***	−0.2216	0.2374 ***
	(0.2733)	(0.0184)	(0.3022)	(0.0228)

续表

变量	AGR (1)	lnRHI (2)	AGR (3)	lnRHI (4)
GRE	−0.0082 (0.0274)	−0.0018 (0.0013)	−0.0074 (0.0276)	−0.0022 (0.0013)
PAM	0.0052 (0.0237)	0.0136*** (0.0015)	0.0109 (0.0241)	0.0123*** (0.0015)
LAU	0.02880 (0.0208)	0.0013 (0.0012)	0.0354* (0.0208)	−0.0002 (0.0013)
MA	−0.2280 (0.2339)	−0.1320*** (0.0133)	−0.2240 (0.2346)	−0.1332*** (0.0142)
MC	−0.3126 (0.2684)	−0.1038*** (0.0171)	−0.2948 (0.2686)	−0.1080*** (0.0177)
常数项	3.9045*** (0.3254)	9.1434*** (0.0219)	3.3509*** (0.3609)	9.1127*** (0.0258)
N	1374	1374	1374	1374
R^2	0.021	0.567	0.013	0.532

注：***、**、*分别表示1%、5%和10%的显著性水平，括号内为稳健标准误。

（2）UIG指标对lnRHI进行变量替换，稳健性检验的完整回归结果如附表5-4所示。

附表5-4　　　财政涉农资金整合对农民收入影响的
稳健性检验（变量替换）

变量	UIG		
	(1)	(2)	(3)
$D_i \times T$	−0.1019 (0.0639)	−0.0766 (0.0591)	−0.0776 (0.0593)
组别固定效应	0.8671*** (0.0467)	0.7777*** (0.0448)	0.7812*** (0.0450)
时间固定效应	−0.0419* (0.0234)	−0.1756*** (0.0301)	−0.1828*** (0.0302)

变量	UIG		
	（1）	（2）	（3）
UR		0.0116 ***	0.0117 ***
		（0.0014）	（0.0014）
GRE		0.0042	
		（0.0033）	
PAM		−0.0392 ***	−0.0392 ***
		（0.0043）	（0.0043）
LAU		−0.0076 ***	−0.0074 ***
		（0.0028）	（0.0028）
MA		0.2705 ***	0.2674 ***
		（0.0311）	（0.0312）
MC		0.2848 ***	0.2837 ***
		（0.0389）	（0.0389）
常数项	1.9952 ***	1.9059 ***	1.9008 ***
	（0.0169）	（0.0608）	（0.0608）
N	1374	1374	1374
R^2	0.284	0.404	0.404

注：***、* 分别表示1%、10%的显著性水平，括号内为稳健标准误。

（3）样本数据处理和时段处理方法的稳健性检验完整回归结果如附表5-5所示。

附表5-5　　　　　　　双重差分模型的稳健性检验

变量	模型1		模型2		模型3	
	AGR	lnRHI	AGR	lnRHI	AGR	lnRHI
	（1）	（2）	（3）	（4）	（5）	（6）
$D_i \times T$	1.1048 ***	0.0268	1.8875 ***	0.0219	1.3830 ***	0.0141
	（0.3698）	（0.0259）	（0.4919）	（0.0277）	（0.4312）	（0.0278）
组别固定效应	−0.0471	−0.4328 ***	−0.3946	−0.4380 ***	0.0472	−0.4415 ***
	（0.2922）	（0.0189）	（0.4146）	（0.0218）	（0.3090）	（0.0183）
时间固定效应	−0.5249 **	0.2272 ***	−0.7446 **	0.2010 ***	−0.3344	0.2106 ***
	（0.2639）	（0.0192）	（0.3282）	（0.0199）	（0.2901）	（0.0200）

续表

变量	模型 1		模型 2		模型 3	
	AGR	lnRHI	AGR	lnRHI	AGR	lnRHI
	（1）	（2）	（3）	（4）	（5）	（6）
UR	0.0078	−0.0002	−0.0051	−0.0012	0.0104	−0.0016 **
	（0.0112）	（0.0007）	（0.0150）	（0.0008）	（0.0147）	（0.0008）
GRE	−0.0090	−0.0010	−0.0055	−0.0003	0.0073	−0.0027
	（0.0286）	（0.0014）	（0.0295）	（0.0014）	（0.0219）	（0.0017）
PAM	0.0046	0.0132 ***	0.0303	0.0161 ***	0.0025	0.0154 ***
	（0.0228）	（0.0017）	（0.0273）	（0.0017）	（0.0291）	（0.0018）
LAU	0.0248	0.0017	0.0342	0.0024 **	0.0353	0.0021
	（0.0211）	（0.0012）	（0.0223）	（0.0012）	（0.0275）	（0.0015）
MA	−0.5202 **	−0.1220 ***	−0.1970	−0.1330 ***	−0.2104	−0.1269 ***
	（0.2033）	（0.0136）	（0.2472）	（0.0144）	（0.2511）	（0.0144）
MC	−0.3314	−0.0913 ***	−0.2251	−0.0958 ***	−0.2210	−0.0901 ***
	（0.2402）	（0.0182）	（0.2996）	（0.0185）	（0.2754）	（0.0188）
常数项	3.4568 ***	9.2012 ***	3.5517 ***	9.2376 ***	3.2360 ***	9.2106 ***
	（0.3757）	（0.0308）	（0.5482）	（0.0346）	（0.5039）	（0.0323）
N	1230	1230	1145	1145	1145	1145
R^2	0.016	0.574	0.025	0.572	0.017	0.572

注：***、**分别表示1%、5%的显著性水平，括号内为稳健标准误。

第六章附录

第六章在实证分析农业产出的传导效应时，完整回归结果如附表6-1所示。

附表 6-1　　　农业产出对农民收入的传导效应检验

变量	模型 1		模型 2	
	AGR	lnRHI	AGR	lnRHI
	（1）	（2）	（3）	（4）
$D_i×T$	1.4713 ***	0.0265	1.4663 ***	0.0220
	（0.4142）	（0.0261）	（0.4102）	（0.0248）

续表

变量	模型 1		模型 2	
	AGR	lnRHI	AGR	lnRHI
	（1）	（2）	（3）	（4）
AGR		0.0015		0.0007
		（0.0033）		（0.0028）
组别固定效应	−0.0216	−0.4908***	0.0608	−0.4401***
	（0.3156）	（0.0187）	（0.3095）	（0.0183）
时间固定效应	−0.7884***	0.2113***	−0.7535***	0.2427***
	（0.2663）	（0.0172）	（0.2850）	（0.0182）
UR			0.0075	−0.0012*
			（0.0132）	（0.0007）
GRE			−0.0068	−0.0012
			（0.0274）	（0.0013）
PAM			0.0123	0.0156***
			（0.0245）	（0.0016）
LAU			0.0390*	0.0021*
			（0.0214）	（0.0012）
MA			−0.2396	−0.1300***
			（0.2253）	（0.0133）
MC			−0.3241	−0.0938***
			（0.2610）	（0.0171）
常数项	3.5326***	9.2778***	3.2579***	9.1966***
	（0.1812）	（0.0165）	（0.4568）	（0.0315）
N	1374	1374	1374	1374
R²	0.016	0.521	0.021	0.581

注：***、*分别表示1%、10%的显著性水平，括号内为稳健标准误。

第六章在实证分析 lnTP 和 GEA 两个中介变量的传导效应时，完整回归结果如下。

（1）财政涉农资金整合对中介变量影响的完整回归结果如附表 6-2 所示。

附表 6-2 财政涉农资金整合对中介变量的影响

变量	模型1		模型2	
	lnTP	GEA	lnTP	GEA
	（1）	（2）	（3）	（4）
$D_i \times T$	0.0784**	4.7041***	0.0821***	4.6976***
	（0.0331）	（0.4384）	（0.0315）	（0.4359）
组别固定效应	0.2231***	1.1969***	0.1623***	0.8057***
	（0.0228）	（0.2529）	（0.0229）	（0.2661）
时间固定效应	0.2518***	−1.2699***	0.2307***	−1.3361***
	（0.0230）	（0.2792）	（0.0231）	（0.3024）
UR			0.0022***	−0.0039
			（0.0008）	（0.0107）
GRE			0.0002	−0.0645**
			（0.0015）	（0.0300）
PAM			−0.0023	−0.0866***
			（0.0024）	（0.0275）
LAU			−0.0023	0.0203
			（0.0018）	（0.0227）
MA			0.2356***	1.1083***
			（0.0193）	（0.2959）
MC			0.1142***	1.0325***
			（0.0199）	（0.2643）
常数项	8.0419***	15.7057***	7.9243***	16.3012***
	（0.0158）	（0.1842）	（0.0383）	（0.4880）
N	1374	1374	1374	1374
R^2	0.289	0.220	0.363	0.243

注：***、**分别表示1%、5%的显著性水平，括号内为稳健标准误。

（2）lnTP 中介变量的传导效应的完整回归结果如附表 6-3 所示。

附表 6-3　　　　　政府间财政关系的传导机制检验

变量	模型 1		模型 2	
	AGR	lnRHI	AGR	lnRHI
	（1）	（2）	（3）	（4）
$D_i×T$	1.5553***	0.0522**	1.5515***	0.0452*
	（0.4243）	（0.0253）	（0.4202）	（0.0241）
$lnTP$	-1.0726*	-0.3003***	-1.0385*	-0.2709***
	（0.5514）	（0.0255）	（0.5867）	（0.0250）
组别固定效应	0.2177	-0.4238***	0.2293	-0.3961***
	（0.2878）	（0.0179）	（0.2832）	（0.0172）
时间固定效应	-0.5183*	0.2857***	-0.5139	0.3047***
	（0.3048）	（0.0190）	（0.3394）	（0.0193）
UR			0.0097	-0.0006
			（0.0128）	（0.0007）
GRE			-0.0066	-0.0012
			（0.0270）	（0.0013）
PAM			0.0099	0.0150***
			（0.0239）	（0.0014）
LAU			0.0366*	0.0015
			（0.0206）	（0.0010）
MA			0.0050	-0.0664***
			（0.2816）	（0.0154）
MC			-0.2055	-0.0631***
			（0.2408）	（0.0158）
常数项	12.1581***	11.6978***	11.4872**	11.3455***
	（4.4168）	（0.2051）	（4.7204）	（0.2035）
N	1374	1374	1374	1374
R^2	0.023	0.586	0.027	0.629

注：***、**、*分别表示 1%、5% 和 10% 的显著性水平，括号内为稳健标准误。

（3）GEA 中介变量的传导效应的完整回归结果如附表 6-4 所示。

附表 6-4　　　　地方财政涉农支出的传导机制检验

变量	模型 1		模型 2	
	AGR	ln*RHI*	*AGR*	ln*RHI*
	（1）	（2）	（3）	（4）
$D_i \times T$	1.4761***	0.0971***	1.4538***	0.0792***
	（0.4285）	（0.0263）	（0.4230）	（0.0253）
GEA	−0.0010	−0.0145***	0.0027	−0.0120***
	（0.0304）	（0.0019）	（0.0313）	（0.0017）
组别固定效应	−0.0203	−0.4734***	0.0586	−0.4304***
	（0.3153）	（0.0188）	（0.3095）	（0.0181）
时间固定效应	−0.7897***	0.1917***	−0.7499***	0.2262***
	（0.2694）	（0.0169）	（0.2897）	（0.0178）
UR			0.0075	−0.0013*
			（0.0132）	（0.0007）
GRE			−0.0067	−0.0020
			（0.0276）	（0.0013）
PAM			0.0126	0.0146***
			（0.0248）	（0.0015）
LAU			0.0390*	0.0024**
			（0.0215）	（0.0011）
MA			−0.2426	−0.1169***
			（0.2332）	（0.0136）
MC			−0.3268	−0.0816***
			（0.2586）	（0.0164）
常数项	3.5489***	9.5115***	3.2143***	9.3940***
	（0.5264）	（0.0334）	（0.6455）	（0.0412）
N	1374	1374	1374	1374
R^2	0.016	0.548	0.021	0.600

注：***、**、*分别表示1%、5%和10%的显著性水平，括号内为稳健标准误。

（4）同时加入 ln*TP* 和 *GEA* 中介变量的传导效应的完整回归结果如附表 6-5 所示。

附表 6-5　政府间财政支付和地方财政涉农支出配置的传导机制检验

变量	模型 1		模型 2	
	AGR	lnRHI	AGR	lnRHI
	（1）	（2）	（3）	（4）
$D_i×T$	1.4293***	0.0868***	1.4215***	0.0726***
	(0.4202)	(0.0252)	(0.4175)	(0.0243)
lnTP	-1.2039**	-0.2642***	-1.1765*	-0.2418***
	(0.5709)	(0.0262)	(0.6061)	(0.0258)
GEA	0.0290	-0.0080***	0.0101	-0.0063***
	(0.0306)	(0.0018)	(0.0126)	(0.0016)
组别固定效应	0.2123	-0.4223***	0.2274	-0.3957***
	(0.2893)	(0.0179)	(0.2840)	(0.0171)
时间固定效应	-0.4484	0.2666***	-0.4419	0.2895***
	(0.3167)	(0.0189)	(0.3578)	(0.0194)
UR			0.0101	-0.0007
			(0.0126)	(0.0007)
GRE			-0.0046	-0.0016
			(0.0269)	(0.0013)
PAM			0.0122	0.0145***
			(0.0246)	(0.0014)
LAU			0.0357*	0.0017*
			(0.0206)	(0.0010)
MA			0.0042	-0.0662***
			(0.2819)	(0.0153)
MC			-0.2208	-0.0598***
			(0.2421)	(0.0156)
常数项	15.7057***	11.5327***	16.3012***	11.2184***
	(0.2419)	(0.2026)	(0.5547)	(0.2026)
N	1374	1374	1374	1374
R^2	0.220	0.594	0.243	0.634

注：***、**、*分别表示 1%、5%和 10%的显著性水平，括号内为稳健标准误。

第六章平稳趋势检验部分，未报告加入 GEA 中介变量后，被解释变量 AGR 和 lnRHI 的检验结果，相关检验结果如附表 6-6 所示。

附表6-6　　共同趋势假设检验结果（加入 GEA 中介变量）

All q	GEA		AGR		lnRHI	
	Alls	H0：s=s-1	Alls	H0：s=s-1	Alls	H0：s=s-1
未加入控制变量	-2.8435	0.7020	1.4270	0.8632	0.1031	3.3734
	(0.4320)	[0.4021]	(0.4191)	[0.6495]	(0.0250)	[0.1851]
加入控制变量	-2.8292	0.8877	1.4098	1.0650	0.0845	3.0207
	(0.4289)	[0.3461]	(0.4145)	[0.5871]	(0.0240)	[0.2208]

注：括号内为稳健标准误，中括号内为 P 值。

第六章稳健性检验部分，lnTP 和 GEA 两个中介变量及其传导效应的完整回归结果如下。

（1）加入 lnTP 后，完整的检验结果如附表6-7所示。

附表6-7　　中介效应模型的安慰剂检验结果（加入 lnTP 中介变量）

变量	lnTP		AGR		lnRHI	
	Before1	Before2	Before1	Before2	Before1	Before2
	(1)	(2)	(3)	(4)	(5)	(6)
$D_i×T$	0.0578	0.0560	0.5204	-0.1205	0.0391	0.0273
	(0.0321)	(0.0408)	(0.4058)	(0.4965)	(0.0251)	(0.0314)
lnTP			-0.2993	-0.678	-0.2758 ***	-0.1789 ***
			(0.5224)	(0.4896)	(0.0257)	(0.0268)
组别固定效应	0.1613 ***	0.1602 ***	0.5510 *	1.0458 **	-0.4010 ***	-0.4107 ***
	(0.0267)	(0.0374)	(0.3100)	(0.4281)	(0.0197)	(0.0276)
时间固定效应	0.2770 ***	0.2449 ***	-1.0743 ***	-0.1187	0.3133 ***	0.2778 ***
	(0.0230)	(0.0287)	(0.3269)	(0.3332)	(0.0204)	(0.0236)
UR	0.0018 **	0.0040 ***	0.0209 *	0.0131	-0.0005	0.0013 *
	(0.0008)	(0.0008)	(0.0120)	(0.0120)	(0.0007)	(0.0007)
GRE	-0.0003	-0.0008	-0.0100	-0.0087	-0.0018	-0.0024 *
	(0.0016)	(0.0017)	(0.0274)	(0.0275)	(0.0012)	(0.0014)
PAM	-0.0042 *	-0.0058 **	0.0041	0.0074	0.0125 ***	0.0113 ***
	(0.0025)	(0.0026)	(0.0232)	(0.0232)	(0.0013)	(0.0014)
LAU	-0.0030	-0.0046 **	0.0314	0.0345 *	0.0004	-0.0009
	(0.0018)	(0.0019)	(0.0205)	(0.0204)	(0.0011)	(0.0012)

变量	lnTP		AGR		lnRHI	
	Before1	Before2	Before1	Before2	Before1	Before2
	（1）	（2）	（3）	（4）	（5）	（6）
MA	0.2381***	0.2312***	-0.2086	-0.0933	-0.0638***	-0.0932***
	（0.0191）	（0.0205）	（0.2711）	（0.2678）	（0.0160）	（0.0169）
MC	0.1124***	0.0970***	-0.3747	-0.2767	-0.0681***	-0.0932***
	（0.0197）	（0.0205）	（0.2459）	（0.2502）	（0.0159）	（0.0170）
常数项	7.8861***	7.8066***	5.6187	8.3154**	11.3505***	10.4916***
	（0.0389）	（0.0443）	（4.1337）	（3.8583）	（0.2084）	（0.2145）
N	1374	1374	1374	1374	1374	1374
R^2	0.378	0.311	0.023	0.016	0.616	0.555

注：***、**、*分别表示1%、5%和10%的显著性水平，括号内为稳健标准误。

（2）加入 GEA 中介变量，AGR 和 lnRHI 的安慰剂检验结果在 Before1 和 Before2 模型下均不显著，相关检验结果如附表6-8所示。

附表6-8　中介效应模型的安慰剂检验结果（加入 GEA 中介变量）

变量	GEA		AGR		lnRHI	
	Before1	Before2	Before1	Before2	Before1	Before2
	（1）	（2）	（3）	（4）	（5）	（6）
$D_i×T$	4.0954	3.9304	0.3636	-0.2826	0.0674	0.0524
	（0.4326）	（0.5130）	（0.4259）	（0.4937）	（0.0270）	（0.0335）
GEA			0.0340	0.0316	-0.0108***	-0.0089***
			（0.0312）	（0.0304）	（0.0017）	（0.0018）
组别固定效应	0.4207	-0.1069	0.4884	0.9406**	-0.4410***	-0.4403***
	（0.3276）	（0.4525）	（0.3018）	（0.4278）	（0.0214）	（0.0300）
时间固定效应	-1.0828***	-1.0843***	-1.1203***	-0.2504	0.2252***	0.2243***
	（0.3107）	（0.3739）	（0.2830）	（0.3072）	（0.0186）	（0.0226）
UR	-0.0015	0.0046	0.0204*	0.0103	-0.0010	0.0006
	（0.0110）	（0.0109）	（0.0120）	（0.0122）	（0.0007）	（0.0007）
GRE	-0.0714**	-0.0699**	-0.0075	-0.0059	-0.0025**	-0.0029**
	（0.0313）	（0.0326）	（0.0274）	（0.0277）	（0.0012）	（0.0014）

续表

变量	GEA		AGR		lnRHI	
	Before1	Before2	Before1	Before2	Before1	Before2
	（1）	（2）	（3）	（4）	（5）	（6）
PAM	-0.0960***	-0.1022***	0.0086	0.0146	0.0126***	0.0114***
	（0.0281）	（0.0291）	（0.0243）	（0.0245）	（0.0015）	（0.0015）
LAU	0.0195	0.0135	0.0316	0.0372*	0.0014	0
	（0.0226）	（0.0226）	（0.0211）	（0.0211）	（0.0012）	（0.0012）
MA	1.1121***	1.0949***	-0.3177	-0.2847	-0.1175***	-0.1248***
	（0.2991）	（0.3028）	（0.2317）	（0.2333）	（0.0138）	（0.0147）
MC	1.0062***	0.9590***	-0.4426*	-0.3728	-0.0882***	-0.1020***
	（0.2680）	（0.2716）	（0.2665）	（0.2668）	（0.0167）	（0.0175）
常数项	16.3631***	16.3912***	2.7016***	2.5045***	9.3520***	9.2409***
	（0.5043）	（0.5624）	（0.6359）	（0.6330）	（0.0415）	（0.0440）
N	1374	1374	1374	1374	1374	1374
R^2	0.219	0.196	0.024	0.015	0.583	0.543

注：***、**、*分别表示1%、5%和10%的显著性水平，括号内为稳健标准误。

第六章未报告利用变量替换方法中介效应模型组别固定效应、时间固定效应和控制变量的稳健性检验结果，完整的检验结果如附表6-9所示。

附表6-9　　　中介效应模型的稳健性检验结果（变量替换）

变量	UIG		
	（1）	（2）	（3）
$D_i \times T$	-0.0636	-0.1384**	-0.1647***
	（0.0576）	（0.0560）	（0.0596）
AGR	-0.0088		
	（0.0083）		
lnTP		0.7530***	
		（0.0755）	
GEA			0.0188***
			（0.0049）

变量	UIG		
	（1）	（2）	（3）
组别固定效应	0.7793***	0.6566***	0.7637***
	（0.0444）	（0.0396）	（0.0450）
时间固定效应	−0.1883***	−0.3553***	−0.1566***
	（0.0309）	（0.0372）	（0.0310）
UR	0.0116***	0.0099***	0.0116***
	（0.0014）	（0.0014）	（0.0014）
GRE	0.0041	0.0040	0.0054*
	（0.0033）	（0.0031）	（0.0032）
PAM	−0.0391***	−0.0375***	−0.0376***
	（0.0043）	（0.0037）	（0.0042）
LAU	−0.0072***	−0.0059**	−0.0080***
	（0.0027）	（0.0023）	（0.0028）
MA	0.2684***	0.0931**	0.2497***
	（0.0314）	（0.0377）	（0.0325）
MC	0.2819***	0.1988***	0.2654***
	（0.0387）	（0.0323）	（0.0379）
常数项	1.9347***	−4.0609***	1.6000***
	（0.0657）	（0.6026）	（0.1016）
N	1374	1374	1374
R^2	0.406	0.488	0.415

注：***、**、*分别表示1%、5%和10%的显著性水平，括号内为稳健标准误。

第六章未报告利用样本处理方法加入 $\ln TP$ 后组别固定效应、时间固定效应和控制变量的稳健性检验结果，完整的检验结果如附表6-10所示。

附表6-10　　　　中介效应模型的稳健性检验结果

（样本处理且加入 $\ln TP$ 中介变量）

变量	$\ln TP$	AGR	$\ln RHI$
	（1）	（2）	（3）
$D_i \times T$	0.0764**	1.1783***	0.0459*
	（0.0327）	（0.3792）	（0.0251）

续表

变量	lnTP (1)	AGR (2)	lnRHI (3)
lnTP		−0.9625* (0.5787)	−0.2501*** (0.0275)
组别固定效应	0.1436*** (0.0240)	0.0911 (0.2670)	−0.3968*** (0.0178)
时间固定效应	0.2371*** (0.0241)	−0.2968 (0.3235)	0.2865*** (0.0205)
UR	0.0018** (0.0008)	0.0095 (0.0108)	0.0002 (0.0007)
GRE	−0.0006 (0.0016)	−0.0096 (0.0282)	−0.0012 (0.0014)
PAM	0.0015 (0.0024)	0.0061 (0.0229)	0.0136*** (0.0015)
LAU	−0.0022 (0.0020)	0.0226 (0.0200)	0.0012 (0.0011)
MA	0.2196*** (0.0197)	−0.3088 (0.2626)	−0.0670*** (0.0159)
MC	0.1062*** (0.0208)	−0.2292 (0.2204)	−0.0648*** (0.0168)
常数项	7.9057*** (0.0391)	11.0658** (4.6657)	11.1784*** (0.2235)
N	1230	1230	1230
R²	0.347	0.022	0.616

注：＊＊＊、＊＊、＊分别表示1%、5%和10%的显著性水平，括号内为稳健标准误。

利用样本处理方法，加入 GEA 中介变量后，AGR 和 lnRHI 的回归结果均是显著的。相关检验结果如附表6-11所示。

附表6-11　　　　中介效应模型的稳健性检验结果
（样本处理且加入 GEA 中介变量）

变量	GEA (1)	AGR (2)	lnRHI (3)
$D_i \times T$	4.3604*** (0.4511)	1.1718*** (0.3878)	0.0774*** (0.0261)

变量	GEA	AGR	lnRHI
	（1）	（2）	（3）
GEA		−0.0154	−0.0116***
		（0.0285）	（0.0018）
组别固定效应	0.8099***	−0.0347	−0.4234***
	（0.2653）	（0.2926）	（0.0187）
时间固定效应	−1.3347***	−0.5454**	0.2117***
	（0.3183）	（0.2723）	（0.0187）
UR	−0.0022	0.0078	−0.0003
	（0.0112）	（0.0112）	（0.0007）
GRE	−0.0721**	−0.0101	−0.0019
	（0.0315）	（0.0290）	（0.0014）
PAM	−0.0423	0.0039	0.0127***
	（0.0272）	（0.0231）	（0.0016）
LAU	0.0245	0.0251	0.0020*
	（0.0249）	（0.0213）	（0.0012）
MA	0.8440***	−0.5072**	−0.1122***
	（0.2996）	（0.2112）	（0.0139）
MC	0.8944***	−0.3176	−0.0809***
	（0.2759）	（0.2381）	（0.0175）
常数项	15.9514***	3.7017***	9.3862***
	（0.4890）	（0.5538）	（0.0422）
N	1230	1230	1230
R^2	0.213	0.016	0.592

注：***、**、*分别表示1%、5%和10%的显著性水平，括号内为稳健标准误。

第六章未报告利用时段处理方法加入 lnTP 后组别固定效应、时间固定效应和控制变量的稳健性检验结果，完整的检验结果如附表6-12所示。

附表 6-12 　　　　　　中介效应模型的稳健性检验结果
（时段处理且加入 lnTP 中介变量）

变量	lnTP (1)	AGR (2)	lnRHI (3)
$D_i \times T$	0.0799**	1.9931***	0.0447*
	(0.0343)	(0.5028)	(0.0264)
lnTP		-1.3220**	-0.2846***
		(0.6678)	(0.0270)
组别固定效应	0.1636***	-0.1784	-0.3915***
	(0.0271)	(0.3810)	(0.0203)
时间固定效应	0.1793***	-0.5076	0.2521***
	(0.0249)	(0.3684)	(0.0206)
UR	0.0022***	-0.0022	-0.0006
	(0.0008)	(0.0146)	(0.0008)
GRE	-0.0007	-0.0064	-0.0005
	(0.0015)	(0.0290)	(0.0013)
PAM	-0.0020	0.0277	0.0155***
	(0.0026)	(0.0265)	(0.0015)
LAU	-0.0027	0.0306	0.0016
	(0.0019)	(0.0212)	(0.0010)
MA	0.2421***	0.1230	-0.0641***
	(0.0209)	(0.3192)	(0.0170)
MC	0.1188***	-0.0681	-0.0620***
	(0.0218)	(0.2732)	(0.0169)
常数项	7.9661***	14.0828***	11.5044***
	(0.0444)	(5.3821)	(0.2223)
N	1145	1145	1145
R^2	0.337	0.034	0.627

注：***、**、*分别表示1%、5%和10%的显著性水平，括号内为稳健标准误。

　　利用时段处理方法，加入 GEA 中介变量后，AGR 和 lnRHI 的回归结果均是显著的。相关检验结果如附表6-13所示。

附表 6-13   中介效应模型的稳健性检验结果
（时段处理且加入 *GEA* 中介变量）

变量	*GEA* (1)	*AGR* (2)	ln*RHI* (3)
$D_i \times T$	4.2480 ***	1.7711 ***	0.0790 ***
	(0.4696)	(0.5065)	(0.0279)
GEA		0.0274	-0.0134 ***
		(0.0321)	(0.0018)
组别固定效应	1.1700 ***	-0.4267	-0.4223 ***
	(0.3244)	(0.4138)	(0.0213)
时间固定效应	-1.3146 ***	-0.7086 **	0.1834 ***
	(0.3312)	(0.3337)	(0.0194)
UR	0.0050	-0.0053	-0.0012
	(0.0122)	(0.0150)	(0.0008)
GRE	-0.0553 *	-0.004	-0.0010
	(0.0319)	(0.0295)	(0.0013)
PAM	-0.1103 ***	0.0333	0.0146 ***
	(0.0309)	(0.0277)	(0.0016)
LAU	0.0254	0.0335	0.0027 **
	(0.0245)	(0.0225)	(0.0011)
MA	1.4396 ***	-0.2365	-0.1136 ***
	(0.3414)	(0.2560)	(0.0150)
MC	1.1920 ***	-0.2578	-0.0798 ***
	(0.2966)	(0.2986)	(0.0175)
常数项	16.0607 ***	3.1118 ***	9.4536 ***
	(0.5724)	(0.7128)	(0.0441)
N	1145	1145	1145
R^2	0.265	0.026	0.598

注：＊＊＊、＊＊、＊分别表示1%、5%和10%的显著性水平，括号内为稳健标准误。

参考文献

财政部农业司（国务院农村综合改革办公室）：《中央财政支持贫困县涉农资金整合试点取得初步成效》，《预算管理与会计》2017年第8期。

曹志文：《财政支出政策的生态保护效应研究》，博士学位论文，江西财经大学，2019年。

陈刚：《法官异地交流与司法效率——来自高院院长的经验证据》，《经济学（季刊）》2012年第4期。

陈鹏、李建贵：《财政支农资金的减贫增收效应分析》，《西北农林科技大学学报》（社会科学版）2018年第5期。

陈硕、高琳：《央地关系：财政分权度量及作用机制再评估》，《管理世界》2012年第6期。

陈垚、杜兴端：《城镇化发展对农民收入增长的影响研究》，《经济问题探索》2014年第12期。

陈永伟等：《中国农村家庭脱贫的时间路径及其策略选择》，《中国人口科学》2020年第1期。

陈宗胜等：《中国农村贫困状况的绝对与相对变动——兼论相对贫困线的设定》，《管理世界》2013年第1期。

程国强、朱满德：《中国工业化中期阶段的农业补贴制度与政策选择》，《管理世界》2012年第1期。

程俊杰等：《财政支农资金整合的动因：以江苏省为例》，《财政研究》2010年第6期。

崔景华等：《基层财政支出配置模式有利于农户脱贫吗——来自中国农村家庭追踪调查的证据》，《财贸经济》2018年第2期。

丁颖、张会萍：《涉农资金信息公开满意度及影响因素分析——基于宁夏350个农户的实证调查》，《宁夏社会科学》2016年第5期。

都阳、Albert Park：《中国的城市贫困：社会救助及其效应》，《经济研究》2007年第12期。

杜辉：《财政涉农资金整合视域下现代农业发展路径探究——黑龙江省"两大平原"地区的经验与启示》，《学术交流》2019年第6期。

樊丽明、解垩：《公共转移支付减少了贫困脆弱性吗?》，《经济研究》2014年第8期。

付文林、沈坤荣：《均等化转移支付与地方财政支出结构》，《经济研究》2012年第5期。

郭熙保、周强：《长期多维贫困、不平等与致贫因素》，《经济研究》2016年第6期。

韩华为、徐月宾：《中国农村低保制度的反贫困效应研究——来自中西部五省的经验证据》，《经济评论》2014年第6期。

侯俊明：《我国财政涉农资金投入与使用的评价研究》，博士学位论文，北京林业大学，2013年。

侯小娜、李建民：《新时代财政涉农资金整合政策演化与策略研究》，《河北学刊》2019年第6期。

胡晗等：《产业扶贫政策对贫困户生计策略和收入的影响——来自陕西省的经验证据》，《中国农村经济》2018年第1期。

胡乃元等：《山西省贫困地区农村集体经济发展：问题与对策——基于山西省32个贫困县185个村的调查》，《东北农业科学》2020年第1期。

黄季焜等：《粮食直补和农资综合补贴对农业生产的影响》，《农业技术经济》2011年第1期。

黄少安等：《种粮直接补贴政策效应评估》，《中国农村经济》2019年第1期。

黄志平：《国家级贫困县的设立推动了当地经济发展吗?——基于PSM-DID方法的实证研究》，《中国农村经济》2018年第5期。

蒋永穆、刘涛：《浅论现代农业产业体系评价指标的构建》，《福建论坛》（人文社会科学版）2012年第12期。

赖晓敏等：《政府监管质量对农业经济增长的影响研究——基于FAO全球45个国家的面板数据》，《华中农业大学学报》（社会科学版）2019年第6期。

李焕彰、钱忠好：《财政支农政策与中国农业增长：因果与结构分析》，《中国农村经济》2004年第8期。

李实、John Knight：《中国城市中的三种贫困类型》，《经济研究》2002年第10期。

李玉山、陆远权：《产业扶贫政策能降低脱贫农户生计脆弱性吗？——政策效应评估与作用机制分析》，《财政研究》2020年第5期。

林伯强：《中国的经济增长、贫困减少与政策选择》，《经济研究》2003年第12期。

林万龙等：《产业扶贫的主要模式、实践困境与解决对策——基于河南、湖南、湖北、广西四省区若干贫困县的调研总结》，《经济纵横》2018年第7期。

刘纯阳：《贫困县财政涉农资金整合使用的施策困境及其优化》，《求索》2020年第2期。

刘键：《整合财政涉农资金　努力建设新农村——黑龙江"两大平原"现代农业综合改革试验区涉农资金整合的启示》，《财政研究》2015年第6期。

刘瑞明、赵仁杰：《国家高新区推动了地区经济发展吗？——基于双重差分方法的验证》，《管理世界》2015年第8期。

卢成：《财政支农政策对农业生产影响的再研究——基于2009—2015年全国农村固定观察点数据》，《农村经济》2019年第2期。

吕冰洋：《央地关系——寓活力于秩序》，商务印书馆2022年版。

吕诚伦、江海潮：《财政农业支出影响农业经济增长效应研究——基于1952—2012年的数据分析》，《财经理论与实践》2016年第6期。

吕勇斌、赵培培：《我国农村金融发展与反贫困绩效：基于2003—2010年的经验证据》，《农业经济问题》2014年第1期。

罗良清、平卫英：《中国贫困动态变化分解：1991—2015年》，《管理世界》2020年第2期。

茆晓颖、成涛林：《财政支农支出结构与农民收入的实证分析——基于全口径财政支农支出2010—2012年江苏省13个市面板数据》，《财政研究》2014年第12期。

彭克强：《财政支农资金整合试点的阶段性反思》，《农村经济》2008年第10期。

钱颖一：《现代经济学与中国经济改革》，中国人民大学出版社2003年版。

乔榛等：《中国农村经济制度变迁与农业增长——对1978—2004年中国农业增长的实证分析》，《经济研究》2006年第7期。

万广华、张茵：《收入增长与不平等对我国贫困的影响》，《经济研究》2006年第6期。

王春超、叶琴：《中国农民工多维贫困的演进——基于收入与教育维度的考察》，《经济研究》2014年第12期。

王奎泉、刘鹏：《县级财政支农资金整合实现路径研究——基于浙江省的调研》，《财经论丛》2013年第1期。

王欧、杨进：《农业补贴对中国农户粮食生产的影响》，《中国农村经济》2014年第5期。

王倩：《城市反贫困：政策比较与中国关怀》，《理论与改革》2020年第3期。

王仕龙：《财政涉农资金科学管理途径研究——以浙江F市X镇为例》，《江西社会科学》2014年第10期。

王修华等：《基于贫困户可行能力不足的扶贫困境与破解思路》，《农村经济》2019年第5期。

王许沁等：《农机购置补贴政策：效果与效率——基于激励效应与挤出效应视角》，《中国农村观察》2018年第2期。

王亚芬等：《中国财政支持"三农"政策的影响效应研究》，《财经问题研究》2015 年第 9 期。

王艺明、刘志红：《大型公共支出项目的政策效果评估——以"八七扶贫攻坚计划"为例》，《财贸经济》2016 年第 1 期。

王祖祥等：《中国农村贫困评估研究》，《管理世界》2006 年第 3 期。

魏毅等：《江西脱贫攻坚的路径选择与保障措施》，《农林经济管理学报》2017 年第 3 期。

温涛、王煜宇：《政府主导的农业信贷、财政支农模式的经济效应——基于中国 1952—2002 年的经验验证》，《中国农村经济》2005 年第 10 期。

温忠麟、叶宝娟：《中介效应分析：方法和模型发展》，《心理科学进展》2014 年第 5 期。

温忠麟等：《中介效应检验程序及其应用》，《心理学报》2004 年第 5 期。

吴清华等：《基础设施对农业经济增长的影响——基于 1995—2010 年中国省际面板数据的研究》，《中国经济问题》2015 年第 3 期。

吴云等：《建立涉农资金整合的长效机制研究》，《经济研究参考》2011 年第 5 期。

夏庆杰等：《经济增长与农村反贫困》，《经济学（季刊）》2010 年第 3 期。

肖卫、肖琳子：《二元经济中的农业技术进步、粮食增产与农民增收——来自 2001—2010 年中国省级面板数据的经验证据》，《中国农村经济》2013 年第 6 期。

谢申祥等：《基础设施的可获得性与农村减贫——来自中国微观数据的经验分析》，《中国农村经济》2018 年第 5 期。

徐舒等：《国家级贫困县政策的收入分配效应》，《经济研究》2020 年第 4 期。

闫磊等：《农业产业化对农民收入的影响分析》，《农村经济》2016 年第 2 期。

杨均华、刘璨:《精准扶贫背景下农户脱贫的决定因素与反贫困策略》,《数量经济技术经济研究》2019 年第 7 期。

杨莎莉、张平竺:《企业微观视角下增值税转型的政策效应分析——基于双重差分 DID 模型的研究》,《中国经济问题》2014 年第 4 期。

杨志勇:《中央对地方一般性转移支付提高到 90%说明了什么?》,《21 世纪经济报道》2019 年 4 月 4 日第 4 版。

叶慧、陈敏莉:《国家级贫困县整合财政涉农资金的问题及对策——基于湖北省 A 县的案例研究》,《中国行政管理》2017 年第 9 期。

于乐荣:《影响贫困农户脱贫的动力及能力因素——基于河南 X 县实地调查数据》,《南京农业大学学报》(社会科学版)2019 年第 3 期。

余明桂等:《中国产业政策与企业技术创新》,《中国工业经济》2016 年第 12 期。

曾福生等:《财政支农资金整合效果评价——以湖南衡山县为例》,《系统工程》2007 年第 11 期。

章元等:《参与市场与农村贫困:一个微观分析的视角》,《世界经济》2009 年第 9 期。

赵勇智等:《农业综合开发投资对农民收入的影响分析——基于中国省级面板数据》,《中国农村经济》2019 年第 5 期。

郑新业等:《"省直管县"能促进经济增长吗？——双重差分方法》,《管理世界》2011 年第 8 期。

周黎安、陈烨:《中国农村税费改革的政策效果:基于双重差分模型的估计》,《经济研究》2005 年第 8 期。

周稳海等:《农业保险发展对农民收入影响的动态研究——基于面板系统 GMM 模型的实证检验》,《保险研究》2014 年第 5 期。

朱春奎等:《财政农业投入、农业增产与农民增收——基于 VAR 模型对中国的经验分析》,《地方财政研究》2010 年第 12 期。

邹薇、方迎风:《怎样测度贫困:从单维到多维》,《国外社会科学》2012 年第 2 期。

[美] 詹姆斯·M. 布坎南:《公共物品的需求与供给》, 马珺译, 上海人民出版社 2009 年版。

Bailey J. J. and Connor R. J. , " Operationalizing Incrementalism: Measuring the Muddles", *Public Administration Review*, Vol. 35, 1975.

Card D. and Krueger A. B. , "Minimum Wages and Employment: A Case Study of the Fast Food Industry in New Jersey and Pennsylvania", *The American Economic Review*, Vol. 84, No. 4, 1994.

Davis O. et al. , "A Theory of the Budgetary Process", *American Political Science Review*, Vol. 60, No. 3, 1966.

Dollar D. and Kraay A. , "Growth Is Good for the Poor", *Journal of Economic Growth*, Vol. 7, No. 3, 2002.

Gustafsson B. and Wei Zhong, "How and Why has Poverty in China Changed? A Study Based on Microdata for 1988 and 1995", *The China Quarterly*, Vol. 164, 2000.

Imai K. S. , You J. , "Poverty Dynamics of Households in Rural China", *Oxford Bulletin of Economics and Statistics*, Vol. 76, No. 6, 2014.

Kydd J. and Dorward A. , "Implications of Market and Coordination Failures for Rural Development in Least Developed Countries", *Journal of International Development*, Vol. 16, No. 7, 2004.

Montinola G. et al. , "Federalism, Chinese Style The Political Basis for Economic Success in China", *World Politics*, Vol. 48, No. 1, 1995.

Mora R. and Reggio I. , "Didq: A Command for Treatment-effect Estimation under Alternative Assumptions", *Stata Journal*, Vol. 15, No. 3, 2015.

Oates W. E. , *Fiscal Federalism*, New York: Harcourt Brace Jovanovich, 1972.

Pituch K. A. et al. , "A Comparison of Methods to Test for Mediation in Multisite Experiments", *Multivariate Behavioral Research*, Vol. 40, No. 1, 2005.

Preacher K. J. and Hayes A. F. , "Asymptotic and Resampling Strategies for Assessing and Comparing Indirect Effects in Multiple Mediator Models", *Behavior Research Methods*, Vol. 40, No. 3, 2008.

Qian and Weingast B. R. , "Federalism as a Commitment to Preserving Market Incentives", *Journal of Economic Perspectives*, Vol. 11, No. 4, 1997.

Samuelson P. A. , "The Pure Theory of Public Expenditure", *The Review of Economics and Statistics*, Vol. 36, No. 4, 1954.

Schick A. , "Micro-Budgetary Adaptations to Fiscal Stress in Industrialized Democracies", *Public Administration Review*, Vol. 48, No. 1,1988.

Sen A. , *Development as Freedom*, Oxford: Oxford University Press, 1999.

Sicular T. et al. , "The Urban-Rural Income Gap and Inequality in China", *Review of Income and Wealth*, Vol. 53, No. 1, 2007.

Tibeout C. M. , "A Pure Theory of Local Expenditures", *Journal of Political Economy*, Vol. 64, No. 5, 1956.

White J. , " (Almost) Nothing New under the Sun: Why the Work of Budgeting Remains Incremental", *Public Budgeting & Finance*, Vol. 14, No. 1, 1994.

Wildavsky A. B. , *The Politics of the Budgetary Process*, Boston: Little Brown, 1964.

后　记

　　从中国的历史看，自秦朝施行郡县制两千余年以来，县级政府始终是最稳定的一个层级，司马迁在《史记》中评价，"郡县治，天下无不治"，习近平总书记于2015年会见全国优秀县委书记时强调，郡县治，天下安，并指出："县一级处在承上启下的关键环节，是发展经济、保障民生、维护稳定的重要基础。"多年的基层财政工作经历让我对此感触更为真切，尤其是在实际参与帮扶贫困群众之后，对于财政如何在脱贫攻坚和未来减贫工作中发挥更大作用，有了一些思考。在对广泛的数据和资料进行收集的基础上，选择了财政涉农资金整合为切入点，客观评价其对农业产出和农民收入的影响效应，并从政府间财政转移支付、地方财政涉农支出配置等方面检验其传导机制，得到了一些研究结果。

　　然而，由于在理论知识、资料收集和科研经费等方面的限制，本书研究的广度和深度还有待进一步拓展，未来可从以下两个方面进行优化和完善：一是进一步扩大研究样本范围，并进行分类探讨。本书实证分析部分主要聚焦中国中部地区，但西部地区仍然分布有大量的脱贫县，其中160个国家乡村振兴重点帮扶县均分布在西部地区。2024年中央一号文件提出："将脱贫县涉农资金统筹整合试点政策优化调整至160个国家乡村振兴重点帮扶县实施，加强整合资金使用监管。"可以看出，财政涉农资金整合政策在乡村振兴中依然发挥并将继续发挥重要作用。在纳入合适的控制变量前提下，适度扩大研究样本范围有助于进一步检验研究结果和丰富研究结论，同时由于中国地域和政策的复杂性，对以上地区进行分类探讨和对比研究是十分必要的。二是进一步拓展研究内容，引入大数据等创新工具进行深化研究。本书在财政涉农资金范围和整合效应的界定时，已指出农村社会发展方面是其重要内容，未来可将农村公共服务和生态环境相关指标纳入财政涉农资金整合效应，补充卫生厕所、自来水、移动互联网、道路设施等反映农民生活水平的指标，以期更为全面地评价财政涉农资金整合效应，至于数据获取方面，可以借鉴联合国开发署 2016 年关于中国贫困测量的研究报告，尝试引入大数据等创新工具弥补传统数据的不足。

本书的基础是我的博士毕业论文。在此，要特别感谢我的博士生导师杨林教授在选题、框架拟定、内容充实等过程中对我的辛勤指导和持续帮助！恩师杨林教授也是我的硕士生导师，是我走进学术殿堂的领路人。在我考研调剂、初次就业、工作考博、重新择业等一次次重要的人生十字路口，恩师总能为我拨开云雾，让我受益颇多。目前有幸加入党校教师队伍，我将牢记为党育才、为党献策的初心使命，脚踏实地做人、做事、做学问。

还要特别感谢中国社会科学出版社的工作人员，他们付出了辛勤劳动，使本书得以顺利出版。

此外，感谢我的家人！感谢父母的养育之恩。父母是地道的农民，他们虽然文化程度有限，但始终坚信再穷不能穷教育，在他们的支持和鼓励下，我从小便得到了良好的教育，并始终坚定求学深造的决心。在我读博期间，父母及岳父岳母毫无怨言地承担了照顾孩子的重任，为我的求学路保驾护航。还要特别感谢我的妻子、儿子和女儿，他们是我前进的最大动力！

由于笔者水平有限，书中难免有疏漏和不当之处，敬请各位专家和学术同人不吝赐教。

杨广勇

2024 年 4 月 10 日